——チベットの聖なる谷へ——

ミラレパの足跡

伊藤健司
KENJI ITOH

地《ち》湧《ゆう》社

目次

序章……………………7
ぼくは、聖地巡礼にインドで目覚め、未開放地区へ潜入する癖を中国で身につけた。
だから、チベットへの旅は、〝巡礼にして潜入〟という奇妙な性格を帯びていた。

第一章　ヒマラヤの北……65
旅は、ヒマラヤ北麓のティンリから始まった。地図はあるが、予定はない。
明日のことは、明日考えればいい。のっけから、ヤクザにからまれるとんだハプニング。
●ミラレパ物語Ⅰ　家系とおいたち

第二章　辺境の村…………92
その村には、電気もガスも通じていない。柱に繋がれた赤子は、ビャービャー泣いた。
けれど、それはこの土地で生きのびていくためのレッスンなのだ。
●ミラレパ物語Ⅱ　黒い悪業、白い善業

第三章　キャラバン…………119
ヒマラヤ越えの隊商とともに、荒野をひたすら歩いた。凍結した大地の上での、遠い朝。
ウソみたいな満天の星空を仰ぎながら、生きて帰りたいと思った。
●ミラレパ物語Ⅲ　帰　郷

第四章　峠越え…………151
単独でヒマラヤを越えた。いよいよここから未開放地区、ヒマラヤの聖域だ。
目にはいる動くものには、過敏に反応した。出合い頭に短刀を抜かれ、冷や汗を流した。
●ミラレパ物語Ⅳ　臨　終

第五章　検　問…………176
中国側検問をクリアーし、ミラレパが臨終した聖地、チュワルへ。
そこは、峠と峡谷に挟まれたとっておきの場所だった。静寂に包まれた洞穴での一夜。
●ミラレパの詩Ⅰ　野生の行者

第六章　森の聖地……………210
『ミラレパの伝記』の主要舞台のひとつ、ティンタン。世話になった村人は言った。
あの峠の向こうにラマがいる、と。ぼくは、ジャガイモをどっさり担いで村を発った。
●ミラレパの詩Ⅱ　神々との対話

第七章　ラプチ……………252
カギュ派の三大聖地のひとつラプチ。そこへ潜入したのは、日本人では初めてのことだ。
ネパール領へ越境し、ジャングルを抜け、激流を遡った。巨大な絶壁が忽然と現れた。
●ミラレパの詩Ⅲ　知恵の歌

第八章　脱　出……………294
脱出することに潜入する以上の難易度が要求されるなど、いったい誰が考えてみよう？
決死の峠越えを経て、懐かしいチベット高原へ、ぼくは生還した。

あとがき……………315

ミラレパの足跡

――チベットの聖なる谷へ

装丁　石渡早苗

序章

あなたはいま、この本を何げなく手にとってみた。とりあえず、ありがとう。それから、よろしく。

この本の主題は、一風変わった旅の話だ。場所はヒマラヤ。中国領チベットとネパールの国境をまたいだ険しい山岳地帯。そこは、チベットで名高い詩聖ミラレパが遍歴した地方として知られている。とんでもない山奥なうえに、政治的に微妙な国境付近にあるため、これまで外国人が入域した例はほとんどない。

ぼくは、中国領から標高五千メートル余りの峠を徒歩で越えてネパール領へはいり、民家や洞穴に寝泊まりしながらヒマラヤ山中を旅した。そして、再び雪の峠を越えて中国領へ越境したのだけど、ぼくのパスポートにその間のスタンプは押されていない。ようするに、法的には密入国だった。もちろん、それはあくまで結果であって、目的ではなかった。

だいたい、山のなかに国境線を引くほどバカげたことはない。ヒマラヤ山脈は大昔からただあったし、いまもただある。それだけだ。ミラレパの生涯についてはあとで詳しく紹介することにして、まずはぼくが何故そんな山奥へ行くことになったか、話せば長いいきさつを語っておきたい。

1

ぼくの子供のころの夢は、いつかアフリカへ行くことだった。虫や動物が好きだったし、ターザンみたいな生活にあこがれていたんだ。

七〇年代、つまり熱い六〇年代の余韻のなかで十代を過ごしたぼくは、政治の季節のあとに訪れたテニスとスキーの季節に学生時代を送った。日本全体が巨大な組織に呑みこまれていくなか、宙づりになって足をバタバタしてるような焦燥感があった。ぼくは、名画座をはしごしてかたっぱしから映画を見てまわり、ボブ・マーリーやピストルズにかぶれ、アルチュール・ランボーや宮沢賢治を愛読していたが、次第に東洋思想へ傾いていった。伝統回帰というよりは、六〇年代のカウンター・カルチャーの延長として。

欧米の流れを追いかけることには飽き足らなくなっていた。生身の体験に飢えてた。そんなころ、かつて日本から欧米へ強いメッセージを発信した〝禅〟が気になりだし、鎌倉の禅寺へ座禅に通ったりした。宗教に興味はあったが、宗教団体には何の関心もなかった。ぼくは、まだ知らない世界をこの目で見たかっただけなのだ。

禅の老師に与えられた公案は、こんなものだった。

禅とは、いったい何なのでしょうか？

そこの庭先に生えた柏の木だ。（『無門関』第三十七則）

あっち向けホイ！　につい振りまわされるのが人間ってもの。老師にはいっぱい食わされた（いえ、ほんとうはありがたく思っています）。ぼくの疑念は一年余り柏の幹に蟬のごとく張りついていたが、ある晴れた午後、その公案を捨てた。なぜか、すがすがしい気分だった。

禅の先輩にあたる大学の宗教学の先生は、参禅をやめると告げるとこう言った。

「公案を返しに行ったらどうだ」

ぼくは答えた。

「その必要はありません」

「残るぞ」

「……」

いまから振り返れば、こだわりは、確かに残った。けれど、そのときのぼくにとって、日本の寺の伝統などに深入りすることは、自分から檻に飛び込むようなものだった。

ぼくは、日本から脱出したいと思った。

はじめての外国は、その後の生き方にかなりの影響を及ぼすと思う。卵から生まれた雛が、はじめて見た生きものを親鳥とみなしてしまうように。いかにメディアが発達しても、しょせんバーチャル・リアリティーは生の現実にはかなわない。

二十一のときにはじめて出た外国は、こともあろうに、いや当然のことながらインドだった。

ひと月あまりのインド旅行は、ある意味ではさんざんだった。行く先々でしつこいインド人につきまとわれ、緊張と激辛の連続でしょっちゅう下痢ばかりしていた。インド人の深い精神性に感動したという覚えはなく、とまどいは深まる一方だった。

しかし、泥沼のような雑踏にもまれることに、不思議な快感があった。次第に身なりの薄汚れていくことがなぜか誇らしく、はじめは違和感しかなかったけたたましいインド音楽が、お香や香辛料のにおいが、道端の犬や牛や人間の糞小便のにおいさえもが、いつしか身近なものに変わっていった。

とりわけ印象に残ったのは、北インドの聖地ヴァラナシの光景だ。ゆるやかに蛇行する大河ガンガーの岸辺で、毎朝たくさんの巡礼者たちが沐浴し、対岸に昇る朝日に向かって手を合わせる。そして、同じ岸辺の一角では、青空の下で死体が火葬される。ぼくはインド人のように沐浴することこそなかったが、大河のほとりに座って水の流れを眺めているだけで、満ちたりたものを感じた。

とりたてて何をするでもなく、ただ風景に身をひたしているだけで。

はじめてのインドはカルチャーショックというような衝撃的なものではなく、知らぬ間に自分の奥深くに埋めこまれ、あとでじわじわと体全体に広がっていくような体験だった。

ドロップアウトにあこがれつつもそこまで踏みきる勇気はなく、ずるずると居座っていた大学を六年かけて終え、ぼくは六本木のとあるプロモーション・ビデオの制作会社に就職した。しかし、その業界で身をたてようという意欲は薄く、いまから思えば辞めるためにはいったようなものだった。

日本を脱出する夢を実現するために。

当時の日本はバブル期だったはずだけど、自分にはこれといって浮いた話はなかった。日々会社に通うぼくの足どりは、たんなる惰性でしかなかった。海外向けのプロモーションに力をいれていた会社は円高のためにかえって仕事が減り、出社してもひまつぶしが仕事であるような日々が続いた。電話番の女の子は、午後にでもなればいつも雑誌をパラパラめくっていて、たまに電話が鳴れば受話器をとり、置き、また読みかけの記事に目を落とすのだった。

いったいこんなことで会社経営が成り立つのだろうかと、人ごとながら不安になったりした。ちょうどそんなときだ。ぼくの体内のインドの記憶が、手招きを始めたのは。

ぼくは、貧乏揺すりが癖の人のいい上司の隣のデスクで、ひそかに〝内職〟を始めるようになった。ヒンドゥー語の単語帳作り。ひそかにと言っても実際はデスクに堂々とノートを広げてやっていたんだけど、上司はそれを大目に見てくれた。というのも、彼もまた会社を辞めたくてしかたなかったのだ。仕事が終わって飲みにいったときなどは、上司はインドへ行きたいというぼくを引きとめるかわりに、心から応援してくれた。

ある日、ぼくは社長室のドアをノックした。

「あの、実は……、会社を辞めることにしました」

フリーのキャメラマンあがりの社長は、ある意味では気さくで理解のある人だった。

「そう……。分かった。だけど、きみはこの会社にはいったとき、ここでずっとやっていくつもりはあったの?」

「いいえ、ありませんでした」

ぼくは正直に答え、晴れ晴れとした気分で社長室を出た。

その数週間後、ぼくはインドへ旅立った。八〇年代なかばのことだ。もちろんそのときは、自分がその後、三十代後半の現在に至るまで旅の生活を送ることになろうとは、思ってもみなかったけれど……。

2

ぼくは、移動性の熱病にかかったように街から街へ旅した。

インドの東の玄関カルカッタから、列車とバスを乗り継いで南インドへ下り、半年くらいかけてインド亜大陸を一周するつもりだった。

もちろん、最初のころは失敗談もあった。カルカッタの港では、道案内を申し出てきた男に人気のない場所へ連れていかれ、恐喝された。マドラスでは、いかにも親切そうなインテリ青年がもちかけてきた「インド産サリーがスリランカで高く売れる」との話にまんまとひっかかり、大金をすった。そのあと一週間というものは、むしゃくしゃした気分がおさまらなかった。

——あいつ、いいヤツに見えたんだよなァ。

だが、失敗を身をもってやらないとバカは治らない。そんなレッスンを経ながらインドという海の泳ぎ方を習得するにつれ、新しい場所を訪れるたびに世界が広がっていくように感じた。

インドは好きになる人間と嫌いになる人間がはっきり別れる、とよく言われる。しかし、ぼくには別の考えがある。その違いは、実は好きになるまでいたか、いなかったかの違いではないかと思うのだ。

旅に出て五か月というころ、ぼくはインド西部のラジャスタン州にあるジャイサルメールという町にいた。砂漠と同じ色をした集落は絵にかいたように美しく、男も女もカラフルな民族衣裳に身を包んでいた。

この地方の夏は、とにかくべらぼうに暑い。

ジャイサルメールを基点に、ぼくは、キャメル・サファリと呼ばれる小旅行をした。ラクダに乗って何日も砂漠をほっつき歩く、優雅で苛酷な旅だ。

砂漠の日々は、太陽が昇り、沈むという繰り返し以外のなにものでもなかった。夜明けとともに目覚め、ラクダにまたがって地平線をめざし、あたりが真っ暗になれば星空の下で眠るしかない。それは、電気の生活をあたりまえのものとして育ったぼくに、太古の昔から続いていた本来の人の営みを思い出させてくれた。

そして、ぼくがインドに深入りする劇的な転換は、サファリのあとに起こった。たぶん、異質な世界に溶けこむ一方で、気づかぬうちにたまりたまっていた不満が、もうはちきれそうなところまで鬱積《うっせき》していたのだ。

ジャイサルメールを発つ朝、ぼくはへとへとに疲れきっていた。五日間のサファリの疲れがたまっていたうえ、この街は外観の美しい反面、ツーリスト相手のインド人にはすれた連中が多く、何かと気疲れすることが多かった。

発つ前の晩は猛暑で寝苦しく、砂漠のどこかの家に監禁される夢を見た。ハッとして起きると、停電で天井の扇風機が止まり、全身にびっしょり汗をかいていた。

さらに、ぼくが出ていく段になって、宿の者たちは前払いした部屋代を「もらってない」などと平然と言い出す始末だ。ぼくには払ったことを証明できる何があるでもなく、宿の人間全員がグルになってしまえば、味方は自分しかいない。激しい口論のすえ、ぼくは半分を払うことで決着をつけた。

後味が悪かった。ムカッ腹がたった。

そんな一件のあと、ぼくはバスでこの地方の中心ジョドプールへ向かった。朝からのきなみ三〇度を越える、あいかわらずの暑い日だった。

おんぼろバスのなかでも、苛立ちは続いた。朝の一件がまだ頭を離れていなかったところに、前座席の二人組のインド人がぼくの荷物の上に土足をのせ、文句を言ってやめさせても、またすぐにのせるのだ。男の一人はイヤピースをつけたオカマだった。始終大声でぺちゃくちゃおしゃべりしていて、それがまたカンに触った。

窓の外には、ところどころにブッシュの茂る砂漠が延々と続いていた。

——もうインドは十分見た。この国はうんざりだ。早くここを出たい。

数時間後、炎天下を走りつづけるバスの車内は軽く四〇度を越え、不快指数一〇〇パーセントの灼熱地獄となっていた。乗客は誰もが黙りこくっていた。悪路に揺られてうつらうつらしながら、じっと耐えるほかなかった。

ぼくの苛立ちはもはや限界を越え、ほとんど祈りのようなものになっていった。

午後になって、日が傾いてきた。やっとこの暑さも、苦痛も、下降線をたどるだろう。

そのとき、ふと何かが変わっていることに気づいた。

どういうわけか、すべてが新鮮に見える。窓の外の砂漠、車内に鮨詰めとなった乗客たち、またぺちゃくちゃおしゃべりを始めたオカマたちまでが、ひとつの流れとして見える。今朝ぼくを騙《だま》した宿のインド人たちもその一部として認められる。

ここにいる人間たちはみな、余計な力は抜いて楽に生きている。ぼくは、そのことにはじめて気づいた。ぼくにできるのは、その美しさと醜さをまるごと受け入れたうえで、流れにさからわずに泳ぐことだ。

それはあきらめに近い状態だった。あきらめることがあきらかにするという意味でもあるように、ネガティブでもポジティブでもあるような、あるいはその境界にあるゼロのようなもの。ぼくは、それまで背負っていた大きな荷物を肩から降ろされる心地がした。

窓の外では、傾いていく太陽が大地のゆるやかな起伏を浮き彫りにしており、人間たちを満載したバスは、ガタゴト軋みながら走りつづけていた。

ジョドプールに着いたときには、臨界点を越えた高揚感は冷めていた。自分は依然としてただの自分だった。

だが、何かが変わっていた。

ぼくは自分のなかに、すでにインドがなだれこんでいるのを見つけたのだった。

以来、ぼくはインドの虜《とりこ》になった。いや、旅の虜になったのかもしれない。ラジャスタンでの転機のあとも、ぼくの旅の日常の大部分は、街なかをうろつき、バザールをひやかし、屋台を食べ歩き、インド人や世界各国の旅行者たちと交わり、通りすがりの娘に一目惚れしたりすることで費やされた。ようするに、自分なりにバックパッカーしていた。もちろん、浮き沈みもあった。

とはいえ、雑然とした旅のなかにも、ぼくにはぼくの指向性があった。その後、インドへはさらに二回長い旅をすることになったが、ぼくは次第に聖地巡礼を旅の中心におくようになったのだ。

山の聖地、川の聖地、海の聖地、砂漠の聖地、森の聖地。インドには星の数ほど聖地がある。聖地とは、遠い昔から人をひきつけてきた大地のツボのようなもの。風光明媚でどこか際だった地形をもつことが多い。ぼくは、山や川や海や砂漠や森が、そこに住む人々と接することが好きになった。

そして、次第に〝聖なるもの〟への目を開かれていった。

インドでは、聖地巡礼は特別のことではない。インド人は宗教を信じるという以前に宗教のなかで生きているから、旅といえばもう巡礼なのだ。インドに親しむにつれぼくの旅がインド化していったのは、自然ななりゆきだった。

インド亜大陸は広い。砂漠からジャングルまで、熱帯から寒帯まで風土のバリエーションがひととおりそろっている。

これはひとつの世界だ。

たとえば、〝チャール・ダム（四つのコーナー）〟と呼ばれる四聖地がある。それはインドの東西南北のコーナーを表している。そのうちの三つは海沿いにあるが、東のプーリは東南アジアへ、西のドワルカはイスラム圏へ、南のラメーシュワラムはスリランカや太平洋の島々へ通じる空気が漂っている。北のバドリナートはヒマラヤ山中にあって、実際にチベットと接している。ぼくは、これらの四聖地を絵解きするように巡り終えたころ、インドという国の大きさをしみじみと実感していた。

また、これとは別の数え方による北インドの七聖地や、クンバ・メーラーの大祭が開かれる四聖地もある。聖地はそれぞれの地域での独自性をもちながら、より広いネットワークとの有機的関係をもっている。

そんな聖地のひとつひとつを巡礼していると、いつしかインドの底しれぬ深みに誘いこまれていく。


ぼくは聖地を旅するうちに、サドゥーと出会うようになった。サドゥーは、出家してインド各地を遊行《ゆぎょう》するヒンドゥー教の行者だ。荷物といえるものはほとんど所有せず、体ひとつで風の赴くままに流れていく。

インドには、出家者を尊ぶ精神風土がある。その風土は、古くは仏教の開祖ゴータマ・ブッダをはじめとする数々の覚者を生んだし、今世紀にはいってからも、ラーマ・クリシュナやラーマナ・マハリシなどのすぐれた聖者を世に出してきた。

インド人は摩訶不思議なことに、がめついと同時に宗教的だ。欲望に対してイージーな一方、階級制度のしがらみも強く、欲が矛盾にぶつかって一線を越えやすい精神構造になっている。

ヒンドゥー教徒はニルヴァーナ（解脱《げだつ》）に至ることを人生の究極目標にし、このサンサーラ（輪廻）の世界には二度と生まれて来ないことを理想としているのだから、これは考えてみれば妙だ。

本来の出家とは、平たく言えば〝蒸発〟のこと。インドでは、あたかも蒸発することが奨励されているかのようなのだ。家族との縁を切り、世間的な仕事にはいっさい携わらず、乞食になることが。ただし、インドには二種類の乞食がいる。俗なる乞食は社会の底辺にいるが、聖なる乞食はその頂点に立つのだ。

インドは、けっこう極端な世界なのである。

ひとり旅もまた、ある方向をつきつめると蒸発へ行く。ぼく自身にはそこまでする意味はなかったが、旅のあいだは一週間先に自分がどこにいるのか見当もつかず、故国のことなどすっかり忘れているのがふつうの状態だった。曜日を忘れ、日付を忘れ、月を忘れ、うっかり自分の年齢を忘れて、パスポートを見て数え直したこともある。聖地を旅するようになってからは、蒸発者が自分の一歩先を歩いているような気がしていた。

出くわしたサドゥーの多くは、大麻《ガンジャ》中毒か聖者の姿をした俗人に過ぎなかったが、雲のような水のようなサドゥーにも所どころで出会った。

人との出会いは、そのときの自分を反映するものかもしれない。ぼくが惹かれたのは、まわりに群衆を集めるような聖者ではなく、限りなく乞食に近い境遇で、ひと知れず静かな目をもちつづける行者たちだった。

衝撃的だったのは、ある日リシケシュという街で出くわした男だ。ぼくが通りかかったとき、その腰にぼろを巻いた男は、道のど真ん中にしゃがみこんで何かものを食っていた。五メートルほどの距離で、ぼくたちは目を合わせた。男はほんの一瞬こちらを覗きこみ、視線を食いものに戻した。男の風貌は乞食そのものだったが、その爛々と輝く瞳は、ただ者ではなかった。乞食の住む闇のような場所に、光があった。

ところで、ヒンドゥーの聖地を巡礼をしていくと、一度はヒマラヤに行ってみたくなるものだ。そこは、平地に住むインド人の〝聖域〟だから。

――ヒマラヤの奥地には聖者がいる。

旅先で出会った多くのインド人が、そう言った。

ぼくは、はじめそれをおとぎ話とみなしていたが、だんだんそれを自分で確かめたくなるくらいまでは信じるようになった。そして、もしほんとうなら会ってみたいと思うようになった。

旅をはじめて四年が過ぎたころ、ぼくはそれまでの旅にひと区切りつけるつもりで、ヒマラヤの聖域〝ウッタラカンド（北の地）〟を旅した。ガンガー源流のヒマラヤ山中を巡り、ダイナミックな景観をもついくつもの聖地を訪れ、何人かの孤高のサドゥーに会った。

3

はじめての長い旅では、当初は中国に行く予定はなかった。インドにひとまず見切りをつけて帰国しようと思いたったとき、パキスタン経由の陸路で中国を通れば飛行機代とトントンかもしれず、ならもうひと山越えて寄り道していこうなどと、つい思ってしまったのだ。

そんな出来心から、ぼくはその後、インドと並ぶアジアのもうひとつの大国にも深入りすることになった。

いまでこそ中国人の生活はずいぶん明るくなったが、八〇年代の中国では、文化大革命の後遺症で人々はすさみきっていた。香煙票《シャンイエンピャオ》がなければ煙草は買えず、糧票《リャンピャオ》がなければ食べ物を売ってくれない食堂さえあった。かっての分からない旅行者には、部屋にありつく、メシを食うといった基本からして容易ではなく、移動しようにも火車の切符を手にいれるのに数日つぶすことはめずらしくなかった。

駅の切符売り場には、たいていどこでも目まいがするような長蛇の列ができていた。しかたなくその最後尾につき、数時間かけて窓口にたどり着き、漢字で書いたメモを差し入れると、

「没有《メイヨウ》（ない）！」

のひとことで一蹴された。食いさがると、窓口の女に罵声を浴びせられた。泣きたい気分だった。窓口の向こうには共産主義という怪物がおり、こちら側には不平不満が鬱積したネズミの大群がいた。

みんながいっぺんに気違いになっている。これは驚くべきことだった。〝幸せ〟という言葉はふだんなかなか使えないが、自分がこの国に生まれなかったのは本当に幸せだと思った。

だが、そんなハードな状況に身をひたしていると、自分の体の奥底から得体の知れぬ力が湧いてくる。どこか日本の戦後闇市に似た当時の中国では、人間の本能に根ざしたエネルギーが袋小路からの出口を探していた。ぼくは、眠っていた闘争本能を呼び覚まされる心地がした。

街を歩けば、日に一度は殴りあいの喧嘩を見かけた。それを取り巻く群衆とともに、いつの間にか興奮している自分を発見する。ぼくは、その野蛮さに辟易《へきえき》しつつも、日本では失われた何かを感じていた。人と人が路上で殴りあい血を流すことは、食べ物に毒を盛るような内向的

な悪意より、実はまっとうなことかもしれないのだ。

どの街へ行っても、百貨商店を見て歩くのが慰めだった。貧しい国のわりに生活必需品はけっこう充実している。逆に言えば、生活必需品以外の文化がことごとく破壊されているので、楽しみがそれ以外ないのだ。

粗悪な中国製品には生活のにおいがした。ぼくは、魔法瓶や洗面器やタオルや歯みがき粉に、たまらなくいとしさを覚えた。


間をおいて中国を旅すると、閉塞状況がみるみる変わっていくのが肌で感じられた。巨大なドラゴンが眠りから覚め、胎動しはじめた感じだった。

天安門事件が勃発したのは、中国本土からたまたま香港へ中国ビザを取り直しに出ているときだった。緊急事態発生のニュースを、ぼくは〝香港の銀座〟チムサチョイの雑居ビルにある安宿で知った。

「あ、やりましたね」

いっしょに自炊していた日本山妙法寺のお坊さんが、レセプションに一台だけあるテレビを見つめながらつぶやいた。

「何かあったんですか?」

ぼくも、画面を覗いた。北京やいくつかの大都市で、軍隊が出動する大事件が巻き起こった模様だった。なぜかそれほどショックはなかった。局地的なものであることは分かっていたし、自分の身に危険がなければ関心をもたない旅行者の癖が、すっかり身についてしまっていた。

事件の起こるすこし前、ぼくは上海や武漢で学生たちと話し、デモにも出くわしていた。中国の学生は日本とは違って頭がよく、軍隊と正面衝突するような強硬姿勢はなかった。デモは穏やかなものだった。気になったのは、むしろデモを眺める一般大衆で、ぼくが通った時点では、彼らはたんなるやじ馬として遠巻きに眺めていただけだ。

——もし、このやじ馬が興奮しはじめたら火がつく。

そう思った。そして、それが実際に引火したのが北京だった気がする。〝民主化要求〟という学生たちの主張は、あくまで引き金にすぎなかった。大衆のほとんどは、大義名分などそっちのけで、欲求不満をぶちまける場所を探していただけだ。あの事件は、政府が学生運動を鎮圧したという構図で語られがちだけど、それはあくまで表面的なもので、実際は政府と大衆の喧嘩だったのだとぼくは見ている。力は力によってしか倒されないのが、この国の歴史だ。

事件の翌日、ぼくは船で南シナ海に浮かぶ海南島へ渡った。海口《ハイコウ》の波止場へ降りるとき、もっていた香港の新聞を地元の住人にせがまれるままに渡した。だが、街にはこれといった混乱はなく、むしろ拍子抜けするほどのどかな日常があった。

街のそこここにはヤシの木が生え、南国の香りが漂っていた。地元の人たちは、麦藁帽子を被って通りをのんびり行き来していた。

さっそく市場に足を運ぶと、豊富な魚介類に加え、鹿、タヌキなどの哺乳類、そして、何とヘビやトカゲといった爬虫類までが食用として売られているのにびっくりした。

中国でもぼくは、ひととおり全体を旅したあとで、次第に奥地を好んで訪れるようになった。個人旅行者にとって、政府の自由化政策は開放地区が増えることを意味していた。中国の辺境は、一度共産主義に荒らされてはいたが、モダンな技術をともなうマス経済の波は及んでいなかった。だから、まだ外国人とあまり接触のない奥地を訪れることは、旅する者にとっては押さえがたい欲求だった。

とくに、雲南省の奥地が次々と開放されていくのは魅力だった。そこは中国で最も居心地のいい地方だったし、タイ北部の少数民族の地域ともひと味ちがう趣があった。漢人の住むところには森というものが少ないが、雲南には豊かな森林が残されている。

中国の聖地もたくさん訪れてはみたが、正直のところ失望することが多かった。寺院が役人の宿舎に、ビリヤード場に、酒盛りの場に化しているのを見て愕然とした。宗教には冷淡な中国人気質というという以上に、共産政権が伝統文化を一度徹底的に破壊してしまったのだ。

よくインド人は宗教的、中国人は政治的と対比される。もちろん、それですべてをわり切れはしないけれど、ぼくが直面したのは確かにインドでは宗教、中国では政治だった。インドには日常生活のすみずみに宗教的なタブーがあったが、中国でタブーといえば、何と言っても政権批判である。

中国人は、よく食べ、よく飲み、よく喋り、よく動く。抜け道があれば、全力疾走する。そのパワーには、温室育ちのぼくなどはとてもたちうちできないが、生身の人間を地でいく世界は、一度馴れてしまうと案外ラクだ。

結果的に、ぼくが中国で指向したのは、聖地巡礼とはおよそ正反対だった。ぼくは、公安の目を盗み未開放地区へ潜りこむことに喜びを見いだすようになった。というより、中国の奥地にはいるにはそうするしか手がなく、いつのまにかそれが習癖となってしまったのだ。

中国は、インドとはまったく別の意味で、日本では味わえない世界を見せてくれた。雲のうえの神々を大地に引きずり降ろし、ぼくの旅を鍛え、人間ってやつを複眼的に見る視点をもたらしてくれた。それが幸いしてか、インドを絶対視してしまうというよくありがちなワナに、ぼくは陥らずにすんだ。

4

何年ものあいだアジアを旅しながら、ぼくは自分の旅の軌跡が空白地帯を囲むことになろうとは思ってもみなかった。よりによってその空白は、インドを巡礼しながらヒマラヤの彼方に夢見ていたチベットであり、そこは中国領の奥地という意味でも最後まで残された場所だった。

ぼくはインドの恵みを母とし、中国のしたたかさを父として旅してきた。だから、そのふたつの文明圏に挟まれたチベットへの旅は、インド側と中国側双方からのアプローチだったといえる。つまり、聖地巡礼でありながら未開放地区への潜入でもあるという奇妙な性質を帯びていたのである。

チベットは、一九五九年に法王ダライ・ラマ十四世がインドへ亡命して以来、中国の領土になっている。〝西蔵自治区〟と呼ばれながら、その名称が皮肉としか言いようのない圧政が続いている。ぼくはこのことには深く同情するけれど、旅はそのなかでしかできない。

ある夏、ぼくは、チベットの北の玄関ゴルムドで中国人に化けて長距離バスに乗り、首府のラサへ向かった。悪路と眠気と酸欠で意識朦朧《もうろう》となりながら、標高五千メートル前後の峠を何度か越え、チベット高原にはいった。

こんな地球の果てのような高地に、肥沃な谷が、人の住む場所があるとは夢のようだった。

ラサは予想以上に漢化された街だった。街の中心に聳えるポタラ宮に主《あるじ》の姿はなく、住人の半数以上は漢人だ。それでも高原の各地から集まってくるチベット人には、ぼくたちとは掛け離れた風情があった。何年も洗っていないチュパと呼ばれるどてらを纏《まと》い、動物質の体臭を発散し、ワイルドでいながら謙虚な気質をもち、異様に信仰心が強い。

インドと中国というどちらもそれなりに主張の強い世界を見たあとで、チベット人のつつましさは感動的だった。

チベットに来て、ぼくは光にも透明度があることを知った。街を囲んだ山々がやけにくっきり見える。標高四千メートル前後の高地では、空気がずいぶん薄いのだ。

この高原で見る夜空ほど、星がたくさんみえる場所はない。

ぼくは、ラサを起点にチベット各地を旅するにつれ、その透明な大気が距離感を狂わせることに気づいた。三キロくらい先をすぐそこのように錯覚し、目標地点は歩けど歩けどいっこうに近づいてこないという愚行を繰り返した。

慢性の酸欠状態で、ぼくは犬のような息をしていた。

カイラス山は奇跡のような聖地だった。

アジアの広大な地域でその山が〝宇宙の中心〟とみなされてきたのは、ひとつにはその近辺にインダス、ガンジス、ブラマプトラ（チベット名ヤルンツァンポ）という南アジアの三大河の源があるからだ。そこは、アジアで最も奥まった地域であるチベット高原の、そのまた奥地なのである。

こんな希有な地点に、こんな類いまれな雪山があるとは、ぼくもまた深い畏れを感じずにはいられなかった。

やってきた巡礼たちは山麓にテント村を作り、一周五十二キロの道のりを何度も巡っていた。ぼくもまたカイラスの衛星となって、密度の濃い数日を過ごした。

それは、聖地巡礼というものの醍醐味を凝縮したものだった。山麓の集落には、ここでも共産主義のすさんだ人間模様があったが、それを包みこむだけのスケールの大きさが、その聖地にはあった。

カイラスのほかにも、ぼくはチベットの聖地をいくつも巡った。ラサを基点に、高原に点在する街や村々を、バスや輸送トラックを乗り継いで。

ある場所は天へ聳えたつ巨大な岩山であり、ある場所は深いトルコ・ブルーをたたえた静かな湖。またある場所は、ふつふつと温泉の湧く緑の谷間だった。聖地は大地にちりばめられた宝石のようなものだ。ぼくはそのひとつひとつを巡礼しながら、地球の創世期からの何十億年のあいだに、火と水と風によって織りなされた地の造形に魅了されつづけた。

そして、鳥葬場もぼくにとっては重要な聖地だった。青空の下で死体を切り刻んで禿鷲に食べさせるという、この世でもっとも残酷で、もっとも美しい光景。それに立ち会って、ぼくはいまの日本の葬儀は完全に無意味だと思った。

墓も戒名もいらない。死んだあとくらいは、何ももたないで大自然の循環に帰りたい。

また、グル・リンポチェ（パドマサンバヴァ）は九世紀にヤルン王朝のチベットへ仏教を導入したといわれるインド人だが、大河ヤルンツァンポの中流域からヒマラヤ山脈へかけて、その聖者にまつわる五大聖地ないし八大聖地といったものがある。ぼくは、そのうちのチベット本土にあるものはおおかた巡礼し終え、チベット仏教の古層にひそむ土地のネットワークに触れることができた。

そのひとつ、チンプーという聖地で、ぼくはひとりのラマと出会った。

岩山の急斜面を息を切らして這いあがり、標高およそ五千メートルの山頂にたどり着いたとき、その袈裟《けさ》を纏った男は、ヤルンツァンポを見渡す大岩のうえで、寒風に身をさらしてひとり瞑想していたのだ。

その姿を目にした瞬間、脳の中心を叩き起こされるような張りつめた波動が伝わってきた。

「グル・リンポチェ」

まわりの山々を指さしながらラマの発した言葉が、いまでも忘れられない。

この地球上には、巨大都市の末期的繁栄が一方にありながら、苛酷な大自然とあえて対峙《たいじ》し、そこからインスピレーションを得ようとする人が、いまだにいる。きっと彼のような男が、この文明がほんとうの危機に瀕したときに聖者として立ちあらわれるのではないか。ぼくにはそんな予感さえした。

しかし、旅には高揚するときもあれば、沈没するときもある。

チベットを訪れるのが三度目となり、のべ七か月あまりを高原で過ごしたころ、ぼくは何かが変わってしまったのを感じていた。ずっと魅せられてきた荒涼とした風景が色褪せてきたのは、旅する者のわがままだろうか。

ぼくは、森の匂いが恋しくなりはじめていた。

チベットは、何か強い気持ちがなければ居つづけられない土地だ。低地の湿った都市で生まれ育った自分には風土は厳しすぎるし、高度にいちおう順応したつもりでも、実はたんに酸欠状態が慢性化しているだけだったりする。ぼくは、標高三千五百メートル前後の地点へ降りるたびに、ほっと安堵したものだ。しかし、それが富士山頂の標高とほぼ等しいことを思えば、その安堵にはやはり無理がある。

つつましいチベット人のなかにも、抜け目なさやいいかげんさが目につくようになった。そもそも、お経をいれたマニ車《ぐるま》と呼ばれる筒を手にもち、それを一回まわせばお経を唱えたことになるなど、いったい何の意味があるだろう?

そして、ぼくはどうしようもない事実に直面することになった。

西蔵自治区には、ほんとうの安息の場所がない。中国軍は聖地そのものは壊せなかったとはいえ、チベット社会を一度徹底的に破壊してしまった。聖地がようやく本来の力をとり戻しつつあるときに、それと入れかえに中国政府による近代化の波が押し寄せている。チベット人の置かれた状況は、ますます苦しくなる一方だ。それに、ぼく自身、公安といたちごっこをしなければならない境遇に嫌気がさしてもきた。

あの岩山の山頂で出会ったラマとも、結局その後、再会できずに終わった。

よき聖地とは、よき村人、よき巡礼、よき行者のいる場所だ。人のいない風景は寂しい。

徒歩でしかはいれない深い山奥に、大自然のなかで暮らす山びとたちがいて、さらに奥まった森のなかに、ひと知れず隠棲する行者がいる。ときおり敬虔《けいけん》な巡礼たちが訪れて教えを乞う。そんな場所はないものだろうか。

ちょうどそんなときだ。ぼくがラサの安宿の一室で、『ミラレパの伝記』を読んだのは……。

5

ミラレパ（一〇五三〜一一三六）は、チベット南部のネパールとの国境地方に生まれ、ヒマラヤおよびその隣接地域を遍歴したチベット仏教カギュ派の聖者である。若いとき、遺産収奪をめぐる母の怨念をはらすため、ミラレパは黒魔術を習得して一家のかたきを惨殺してしまった。そして、その暗い地獄の底から一転して誓願を起こし、師のマルパのもとであまたの血の滲む研鑽《けんさん》を経て、ついには本物の聖者となってゆく。寺院にも宗教組織にも属することなく生涯徹底した〝野生派〟だったミラレパの存在は、後世に残された伝記や詩によって、チベット精神史にひときわまばゆい光を放っている。

ぼくは、その聖者を生んだチベットで『ミラレパの伝記』を読み、自分でも不思議なくらい感動した。ミラレパは、本物の蒸発者だ。それは、ぼくのもっていた聖者のイメージそのものだったし、それでいてその物語には聖者伝にありがちな偽善っぽさがなく、限りなく人間くさいのだ。

聖なるものは、俗なるものを包みこんでこそ意味がある。

ミラレパは、マルパのもとを辞した後、チュワルやティン、ラプチといったヒマラヤ山中の奥地に隠棲した。人里離れた洞穴にぼろを纏《まと》って棲み、いら草を摘んで食物とし、聳《そび》えたつ雪山をまえに瞑想し、詩を歌った。

その聖域は、ヒマラヤ山中に無数にあるガンガーの源流のひとつボテコシ（ネパール語で〝チベット人の川〟）の上流にあり、山岳部のチベット圏のなかでも本来ひとつのブロックとみなせる地域である。しかし、一九六二年に中国政府が別の領土と交換条件でラプチをネパールに引き渡したため、以来チュワルやティンは中国領、ラプチはネパール領に属している。

現在、両国間の交易は、主としてラプチから約二十キロ東南の町ダム（樟木《ザンムー》）を経由して行われている。峻険な山々に囲まれた聖域は、たぶん幸運なことに現代史の表舞台から置き去りにされたのだ。

ミラレパが棲んだチベット圏のヒマラヤ。そこがかつて自分の訪れたどんな場所よりも奥地であることに、疑いはなかった。『チベット・ハンドブック』の著者ヴィクトル・チャンが潜入して以来、その地方の巡礼を果たした外国人は何人かいたはずだが、西蔵自治区の外国人規制は九〇年代に入ってからある面厳しくなり、そのころは入域がたいへん難しくなっていた。

だが、なにごともトライしてみなければ分からない。

ぼくは、チベットを出るまえにもう一度だけ、公安の目を盗み、体をはったほんとうの旅をしたいと思った。チベットからヒマラヤ山脈を歩いて越え、詩聖ミラレパを育んだ土地をこの目とこの足で確かめてみたい。


こうして、ぼくはインドの聖地を巡礼して以来ずっと夢見てきた神話へ、今度はチベット側からアプローチすることになったのである。

——ヒマラヤの奥地には聖者がいる。

ヒマラヤに棲む聖者。それはあるいは、子供の頃あこがれたターザンが成長した姿なのだろうか？

輸送トラックを降りた翌日、ぼくは荷馬車で揺られ
チベット高原の南の縁を見知らぬどこかへ向かっていた
なりゆきでいくしかないな。それが旅なんだ

着いた家には重苦しい静けさがあった
暗さがなぜか懐かしい
詩聖ミラレパが経た惨劇を想った

まだミラレパが縛られた赤子だったころ……

その朝、ぼくたちは
村の女たちの酌で酒を飲み
白い絹を掛けられて
遠くへの旅立ちを祝福された

隊商の男たちとヒマラヤを目指した
雪の高嶺から吹き降ろす強風に見舞われた
生きていることを実感した

高山植物があるように
高地だけに棲む鳥がいる

馬車で見送る父と
ヒマラヤ山中の寺へ帰る娘
冬場は雪に閉ざされて会えない

おいしい食べ物で
おびき寄せ
荷物を背負わせる

ヤク（高原種のバッファロー）は
チベット高原のシンボルだ

男たちと袂を分かち
単独でヒマラヤ山脈を越えた
峠の標高は五千メートルあまり
全身でハァハァ息をつく
日が暮れるまでに
むこうの谷へ降りなければ

生まれる場所があれば、死ぬ場所がある
ミラレパはきっと自分の知りうる最も美しい谷を
死に場所に選んだのだ

花や木の葉や森は
大地より自ずから生じ
大地へと消え去る

思考や執着や欲望は
心の蔵より自ずから生じ
心の蔵へと消え去る

ミラレパ

聖地チュワルで待ち受けていたのは
荒れ果てたゴンパだった
僧たちの夢の跡
文革で破壊されてからというもの
誰も寄りつこうとしない

世話してくれたツェリン・ダワと
そのひとり息子

山びとの生活は谷にある
トゥプテンは冬の村

信じられる人がいるのは
幸せなことだと思う

ティンタンは夏の村
『ミラレパの伝記』の舞台のひとつ

大地の肥沃さと
青い空のもたらす雨
このふたつは
すべてを益するために交わる
そしてこの交わりは
聖なるダルマのなかにある

ミラレパ

ふと道端で見かけた
さりげない祈り

ミラレパの足跡
いったい何を意味するのか？

ミラレパが好んだ棲み家
ポト・ナムカ・ゾン（峰と空の砦）

森の中で見つけた石板
近くに人がいることを示していた

山の隠者トゥプテン・ギャムヤンは
実におっとりした人だった
説教は一切しなかった
裸眼にありのままを映すことこそ
深い境地なのかもしれない

聖地ラプチのチュラ・ゴンパは
深い静寂に包まれていた

ここにながらく棲む僧
カルマ・シャプヤン・ツルディム

聖者の遺品を蔵する
チョルテン(仏塔)
不気味なほど人気がなかった

二晩泊まった
僧坊の一室

鷲族の末裔ミラレパは
あるときは断崖絶壁に棲んだ
ほんとうの自由は
きっと厳しさと隣りあわせにある
死のそばでこそ
世界は輝いて見えるから

大気の奏でる無言の瞑想
その朝、カンバ・マレの山頂と
一瞬だけ挨拶した

ラプチカンチュの谷は
雨季にはいりかけていた

ニェラムの少女は言った。
どこから来たの？　どこへ行くの？

第一章　ヒマラヤの北

ヒマラヤ山脈の北側には、およそ樹木の生えない禿げ山ばかりが地平線のむこうまで連なっている。チベット高原の大部分は、高原という名から想像されるのどかなイメージとはかけ離れた土漠地帯である。

ヒッチハイクした輸送トラックがその集落に着いたのは、標高四千メートルの高地では日中でも肌寒い五月上旬のことだった。

トラックを降りると、足もとに月面に似た大地があった。ぼくは、荷物を背負い、ここまでの数時間をともにしたドライバーに別れを告げる。

「ぺー・ア（さよなら）！」

前座席の男は、同じせりふをぶっきらぼうに投げかえし、少年のような笑みを浮かべる。黒光りした顔のなかで、歯だけが白い。彼は、ここからさらに曠野《こうや》の一本路をまる一日走り、国境の街まで行かなければならない。

一期一会《いちごいちえ》。たぶん一生で一回きりの、出会いと別れ。

ぼくは、遠ざかっていく砂煙を見送ってから、道向かいに見える英語で書かれた宿の看板を目指して歩き出す。


その土地の名は、ティンリ（標高四三四〇m）。地球の最高峰エベレストの北北西約七〇キロの地点である。西蔵自治区とネパールを結ぶ中尼公路ぞいに、トラック・ドライバーたちが立ちよる食堂と外国人用の招待所が数軒。その南側一帯に泥塗りの低い民家が寄りそい、集落をなしている。中国とネパールの国境線はエベレスト山頂を通っている。多くの外人旅行者にとって、ティンリはチベット側からエベレスト北壁へ向かう起点のひとつなのである。

もちろん、ぼくの目的地はエベレストではない。ぼくは、その山のずっと西にある標高五千メートルあまりの峠を越え、ロンシャルの谷へ出るつもりだ。

――きっと、なんとかなる。

なかば楽観的に、なかば祈るようにそう思いつつ、ぼくはここへやって来たのだ。

旅はある程度いいかげんな方がいい。綿密に計画を練りすぎては、かえって未知の可能性をつぶしてしまう。旅に必要なものは、むしろ予定変更やアドリブだ。

でたとこ勝負。それが、今回の旅のコンセプトである。

もちろん、おおまかな地図はあり、ルートに目星はついている。バックパックは鉱業用の頭陀袋にくるんでカモフラージュしてあるし、なかには二週間分のツァンパ（麦こがし）とインスタント・ラーメン、炊事用ストーブ、それに寝袋も入っている。夏用の寝袋は雪山には薄すぎるけれど、寒いときはラサで買った中国製ダウン・ジャケットを着たまま くるまればいい。荷物は、背負って山歩きできることが前提となるので、できるだけ軽くしたい。だから、テントは外した。

ミラレパがいた聖地ならば、きっと洞穴があるはずだ。

ぼくは、これからミラレパ研究に赴くわけではない。しかるべき通訳をつけ、土地の村人たちからミラレパにまつわる伝説を収集する。そのような仕事もいつかやってみたいとは思うけれど、ぼくは何より、ミラレパを呼び寄せた聖地を体で感じ、願わくばそこにいるかも知れない聖者と会ってみたいのだ。

とりわけ、ひとり旅がミラレパへの巡礼にふさわしい気がする。

宿の大広間にはいると、暖炉をとり囲んだ五、六人のチベット人たちが、話を中断していっせいにこちらを見た。薄暗い部屋のなかはむっとするほど暖かく、濃厚なバターの匂いがこもっていた。

ぼくは、視線の群れにむかって会釈する。

「タシデレ（こんにちは）」

落ちついた年配の男が、大仰な仕草で「こちらにお座りなさい」とうながしてくれる。壁際にチベット絨毯の敷かれた長椅子があり、ぼくはその一角に荷物をドサッと置き、腰をおろす。

N
グツォ
ラルン峠
5050
中尼公路
ティンリ
4340
ラサ/シガツェ→
シャールン
ラ川
タシガン
ニェラム
ニェラム峠
5250
チョクシャム
7316
キェタク
4660
ロンブク
ポゼ峠
5200
ペルギェリン・ゴンパ
3750
ラプチ
ダクマル・キュンルン
ロンシャル川
チュンモチェ
(中国側検問)
ナンパ峠
5716
ギャチュンカン
7922
チョモランマ
ベースキャンプ
ティンタン
プー川
チュワル
チョーオユー
8153
プモリ
7165
ルマナモ
トゥプテン
メルンツェ
7181
8848
タンチェモ
ダム
2300
7146
クンブ地方
チョモランマ
(エベレスト)
コダリ
ツェリンマ
(ゴーリシャンカール)
吊り橋
2150
チョクシャム
(ネパール側検問)
ナムチェ・バザール
3450
チャリコット
ジリ
ルクラ

『ミラレパの足跡』の舞台

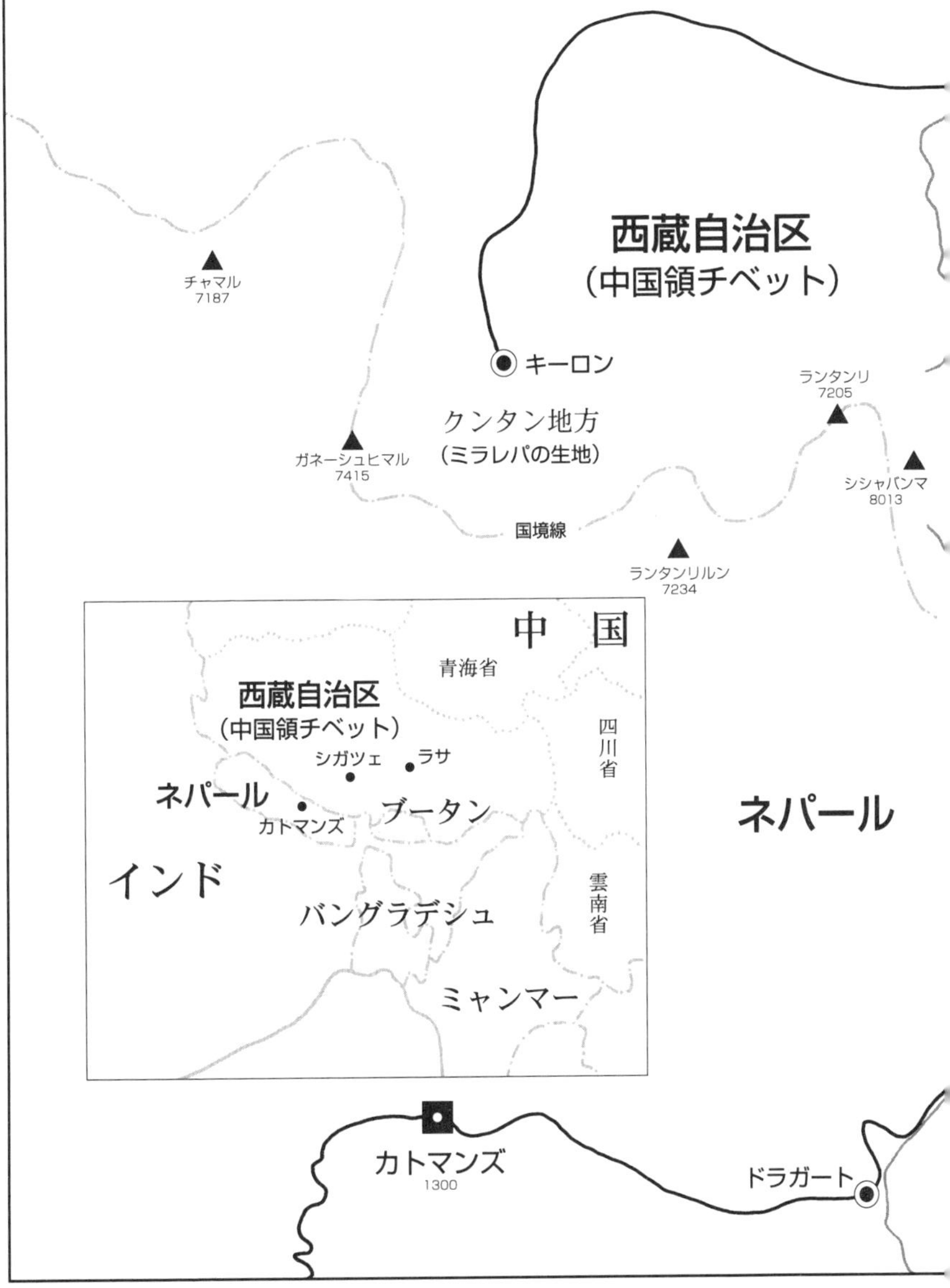
西蔵自治区
（中国領チベット）
チャマル
7187
キーロン
ランタンリ
7205
クンタン地方
（ミラレパの生地）
ガネーシュヒマル
7415
シシャパンマ
8013
国境線
ランタンリルン
7234
中　国
青海省
西蔵自治区
（中国領チベット）
四川省
シガツェ
ラサ
ネパール
カトマンズ
ブータン
インド
雲南省
バングラデシュ
ミャンマー
ネパール
カトマンズ
1300
ドラガート

「ウェア・ドゥー・ユー・カム・フローム（どちらからいらした）？」

男のひとりが、教科書的な英語で訊いてくる。

「シガツェ（チベット第二の都市）」

「国は？」

「ジャパン」

旅のあいだ何度となく繰り返されるおきまりの会話。ぼくたちは、初対面の相手がどういう人間なのか、お互いに手探りを始めている。男は、相手が外国人であることを確かめると表情をやわらげ、ぼくはぼくで、そのやや洗練された服装から、この男はたぶん地元の者ではなく、ラサかシガツェといった都会から来ているものと推測する。

「あなたはどちらから？」

「ラサです」

「仕事ですか？」

「スイスの登山隊グループが、いまチョー・オユーという山に行っています。わたしは彼らに同行して来たんです」

部屋の中央に、大鍋の載った暖炉がある。村の女が燃料のヤク糞をくべ、ときおり鍋の蓋を開けては、グツグツ煮えているものを覗きこむ。

「ディー・カレレ（これ、何ですか）？」

ぼくは、わざとチベット語で訊く。

「トゥクパですだ」

腹がぺこぺこだったので、そのチベット風のうどんをもらうことにする。

ぼくが多少はチベット語を理解できることが知れると、今度は別の男が問いかけてくる。

「ディネー・カバペーガ？（ここから、どちらへいらっしゃる？）」

この問いが来るのを、ぼくは恐れていた。自分の目的地を誰彼となく言いふらし、ここで追い返されることになっては、元も子もないからだ。だが、峠の積雪状況だけはあらかじめ知っておきたい。

「ロンシャルの谷を通って、ラプチへ行きます」

すると、予想通りの答えが返ってくる。

「そりゃ、無理だ」

「なぜ？」

「峠はまだ雪で越えられない」

「雪ってどのくらい？」

男は、臍《へそ》のあたりに手をあてて深さを示す。

「今年は雪が多いのは、あんたも知ってるだろう」

確かにこの年のチベットは春の訪れが遅く、四月にはいっても国境道路は積雪のために車の通行が難航していた。ただし、このような場合、チベット人はすべてを雪のせいにするのが通例なのだ。

「あなたはその峠、通ったことあるんですか?」

「ない」

「だったら、行けるかもしれませんよ」

「許可証は持ってるのかい?」

「ないです」

「なら、行ったら監獄へぶちこまれるよ」

男は、手錠をはめられた仕草をし、首をすくめる。

国境をまたいだその地方へ行くには特別の入域許可が必要なことは、もちろん知っていた。しかし、ラサの公安局外事課でパーミットを申請しても、多額の金と特殊なコネ抜きでは決して取ることはできないはずだ。だいいち、パック・ツアー以外に許可証が発行されることはありえないし、個人旅行者のぼくには申請するだけ時間の無駄だった。

峠越えが容易でないことは分かっている。だが、雪が融けて人の往来が多くなれば、それはさらに困難になる。人が通らない時期に監視する意味はないはずだから、いま国境警備は緩んでいる可能性が高いのだ。

「そうですか……。なら、あきらめるしかないですね」

ここではこれ以上の話はしないことにする。男たちの方も、相手が収入源とならないと分かると急にそっけなくなり、自分たちの内輪話に戻っていく。

女が湯気のたった碗をもってくる。トゥクパをすすると、冷えきった体が内側から暖まってくる。

ぼくは、村をあたってみることにした。この招待所に泊まれば身動きがとれなくなることは、目に見えていたからだ。ここのチベット人たちは登山隊相手に生計をたてているので、どちらかといえば、ぼくのような者を取り締まる側の人間だ。黙って見逃すはずはない。

「あんた、泊まりに来たんじゃないのか?」

宿の男が、部屋をあてがおうとつきまとってくる。

「すぐ戻るよ」

ぼくは、自分でも意味不明な言い逃れをして振りきる。

峠の雪は深いかもしれない。このことは、やはり確かめておく必要がある。土地の村人ならば、もっと信頼できる情報を教えてくれるだろう。

さきほどより風が強くなり、太陽はだいぶ西に傾いていた。高地特有の澄みとおった光が、平原に波打つゆるやかな丘陵に燦々《さんさん》と降りそそいでいた。遥か南の地平線を縁どるヒマラヤ山脈は、雲がかかって裾野しか見えない。

道路に面したところで、屠殺され皮を剝がれたヤク(高原種のバッファロー)が、棒に吊り下げて売られていた。

生肉のにおいが鼻をつく。

路地をはいると、村の手前に人民解放軍の基地があった。門前に、銃をわきに立てた兵士が

ひとり。バックパックを背負ってそのまん前を通るのは気がひけるが、ここはやむを得ない。目をあわせずに通過すると、呼びとめられずにすんだ。外人を見馴れているのが幸いしたようだ。

村の奥で、雑貨屋の前にいた男が声をかけてきた。

「この村に、宿はありますか？」

とっかかりにそう言うと、その男は、店の奥に設けられた村人相手の茶屋にぼくを招いてくれた。部屋には、チベット紋様を施されたテーブルを囲んで、さきほどよりずっと泥くさい感じの数人の男たちがいた。

腰を降ろすと、若い娘が魔法瓶をもってくる。平たい茶椀にバター茶がなみなみと注がれる。磚茶《たんちゃ》（固形の茶）をほぐして煮出し、ヤク・バターや塩を加えて攪拌したこのチベットの民族的飲みものが、ぼくはすこし苦手だ。とはいえ、それを飲むことは相手の歓迎を受け入れる意思表示でもあるので、そう無下には断れない。チベットに溶けこむ秘訣があるとすれば、まずバター茶を飲み、この土地の主食ツァンパを食べることなのだ。ツァンパは、煎った麦を碾《ひき》臼《うす》で粉にしただけの、これまた恐ろしくシンプルな食べ物である。

ぼくは、灰色の液体をほんのすこし喉へ送りこみ、笑顔をつくる。

村人たちは、自分たちの村をひとりで訪れた異邦人を予想以上に歓待してくれた。

彼らは、エベレストのそばに住んでいながら登山ビジネスという〝金のなる木〟を都会のチベット人に独占されていることに、そしてしばしば人夫として扱われることに不満をつのらせているようだった。辺境の住人だけあって、自治区の政策にもかなりの反感をいだいている。

ほどなくして、店へ軍服を着た数人の解放軍兵士がはいってきた。すると店の男は、何と彼らを追いだし、木戸をぴしゃりと閉ざしてしまうのだ。外国人が一般の民家を訪れることは、厳密には違法とされている。相手が兵士だけに一瞬ヒヤッとするが、外人を取り締まる公安と兵士は任務が異なるためか、いざこざは何も起こらずにすむ。

ぼくは、話をきり出してみる。

「ロンシャルへ抜け、ラプチを巡礼したいのです」

すると、

「それはいいことだ。素晴らしい聖地だよ」

さきほどの男たちとは、のっけから対応のしかたが違う。

「ただし、この時期はまだ雪が深いから、ひとりで行くのはやめた方がいい。それに、強盗だって出るかもしれん」

「……」

「この男と一緒に行ったらどうだ。なァ、パーサン」

「そうだ。おれが馬を手配して案内してやるよ」

同席していた若い男が、話の輪に加わってくる。

地元の人間と同行するのは、確かに安全な方法だ。道を知っているという以上に、村人やドクパ（牧民）とつながりのあることが、強盗を防いでもくれる。ぼくはこれまでの経験から、山奥の男たちが無骨な風貌に反して心やさしい連中であることは分かっていたが、外人ツーリストが頻繁に訪れる場所は要注意である。

気になっていた峠の残雪については、彼らの話では膝くらい。とはいえ、彼らはぼくを案内して小金をつくろうと目論んでいるので、こちらもそれほどあてにならないだろう。

峠越えの可否は、これで一対一。あまり進歩は見せていないが、すくなくとも二対ゼロでないことには希望を持っていい。

その雑貨屋兼茶屋の主人だというパーサンは、四日で五百元（五千五百円）と、チベットの相場では法外な金額をふっかけてきた。ここはそう簡単にはうけがわない。

「そう……。ならひとりで行くよ」

「どうやって？」

「歩いて」

「道は分かるのか？」

「だいたい分かるよ」

「悪いことは言わないから、おれといっしょに行きな。ここはあんたのことだから、四百五十にまける」

「向こうの宿の人は、馬が一日八十って言ってた。つまり、五日分ちょっとってことかな？」

「そりゃ、馬子抜きの金額だ。それにあんた、もし馬が途中でくたばってもみろ。おれたちゃ大損ってことになるぜ」

「馬だっていつか死ぬよ。そんなこと言い出したら、きりないな」

そんなやりとりをするうちに、金額はすこしずつ下がってくる。

当初の予定では、ぼくはひとりで峠まで歩くつもりでいた。峠の手前にはいくつか村があるので、きっと泊めてくれるはず。こういう流れにはなったが、実のところぼくはたんに情報収集していたにすぎない。


最終的にパーサンの申し出にのってみる気になったのは、妙な話だけれど、その晩茶屋を訪れたチンピラのためだった。

その二十歳すぎの男が茶屋にはいってきたときから、ぼくはどことなくいやな感じがしていた。人民帽を目深にかぶり、辺境の村ではめずらしく流暢な中国語を話す。それは学があるというより、チベット各地を流れ流れて身につけた悪知恵のように、ぼくの目には映る。

体は決して大きくはない。ハイエナみたいな男だ。

パーサンもその男にはかかわりあいたくないようで、茶を出したあとは、あたらずさわらずの態度で気をもんでいる。

男は、ぼくの目を正面から冷たく見すえ、チベット訛りの中国語で言った。

「你去哪里《ニーチューナーリ》？（あんた、どこ行くんだ?）」

「聶拉木《ニェラムー》」

内心の動揺を隠しながら、ぼくは嘘を言った。いや、それはかならずしも嘘ではない。ぼくはロンシャルからネパール領のラプチへ抜け、ふたたび中国領のニェラムに出るつもりでいたから。このような男に行き先を知らせるのは賢明ではない。たくみな中国語は、公安との密通を意味するものかもしれない。

するると、男は底意地の悪いうすら笑いを浮かべる。

「変だぜ」

「何が？」

「ニェラムに行くなら、方角はむこうだ。なんで南へ行くんだよ」

ぼくが南へ向かうことを、ほかの男から聞き及んでいたらしい。この手の連中には、弱みを見せたら負けだ。

「あっちからニェラムに行くんだ」

ぼくは、強く出る。そして、話題を別の方へ振るが、

「ちょっと待て。やっぱり変だ。あんた何しに行くんだよ」

男は、執拗にからんでくる。

——こいつはヤバい。

そう、本能的に感じる。

男は、ぼくについて何か勝手な思い違いをしているようだ。

——この日本人を自称する男には、違法に国境を越えなきゃならない理由がきっとある。

そこをつかめば、ひと稼ぎできるかもしれない。

もちろんぼくには、その点でやましいところはない。公安に通報されると目的地に行けなくなるというだけだ。それを避けようとぼくが話をそらすところに、男はつけいるスキを嗅ぎとってしまうのだから、たちが悪い。

男は、不気味なほど落ち着きはらっている。その冷ややかな目つきに、これまでかなり危ない世渡りをしてきたのがありありと表れている。ひょっとすると、過去に何人か殺《や》っているかもしれない。ぼくはこれまで無数のチベット人と接してきたが、こんな男と出会ったのは初めてだ。

長い押し引きのすえ、ぼくは一応の友好関係をとりつくろい、男はとりあえずその晩は退散した。しかし、この村に長居していては、また何を言ってくるやら知れたものではない。ひとりでここを発ってあとを追われては、やっかいなことになる。

ふたたびなごやかな空気がもどってから、ぼくはパーサンに言った。

「あいつ、だいじょぶかな？」

「気にするなよ、あんなやつ」

遠来の客に悪いものを見せてしまった、とでもいう表情で、彼は茶椀を両手ですすめてくる。

だが、本当にだいじょうぶだろうか？

ぼくは、できるだけ早くこの村を出るのが得策と判断した。で、男たちのすすめを受けいれ、明朝、道案内のパーサンといっしょに荷馬車で峠の手前まで行くことに決める。

金額に関しては、三百五十から落とさない彼らに業を煮やした風をよそおい、

「分かった……。三百以上は出せない」

そう言って立ち去るモーションをかけると、彼らはあっさり承諾。

四日で三百元（三千三百円）という金額は、日本の感覚からすればもちろん安い。だが、チベットでの土方の日当が二十元前後であることを思えば、かなりの大金だ。ここは、ティンリの村人が外人馴れしていることと、彼らにも多少はいい稼ぎをさせなければならないことを考慮しつつも、できるだけ値切っておく。これは、彼らと対等につきあうための礼儀だ。

第一の難関は、これでクリアーできそうだ。ぼくはこれから聖地巡礼をしようというのに、のっけから危うい出だしになってしまった。


ところで、このパーサンという男は、つい一週間ほど前に嫁を迎えたばかりの新婚ほやほやだ。さっきまで黙々と働いていた若奥さんは、嫁ぎ先の生活がまだ板についていないらしく、客が帰って二人きりになると、

「腰がいたーい」

などと甘い声を出し、顔をゆがめる。するとパーサンが彼女の腰をさすったりして、ぼくを尻目にいちゃいちゃしはじめる。

——ったく……。勝手にしろよ。

その晩は、若奥さんの酌でパーサンとチャン（ビールに似た地酒）を飲みかわした。最初会

ったとき、ぼくはパーサンに抜け目ない商人の印象を感じたが、うちとけてみると純朴な男である。とくにあのチンピラを見たあとでは、たぶんこのくらいがこの村の標準なのかと思う。

ぼくの片言チベット語では、訛りの強い彼らとは思うように話はすすまない。だが、ジェスチャーまじりの会話はかえって笑いを呼び、場を盛りあげるものだ。たとえば、〝羊〟という単語が通じなければ、ぼくは人差し指を頭につけて角をつくり、「メェー。メェー」と低い声で鳴き、

「こいつは、この村に何頭いるんだい？」

といった調子。

「じゃあ、日本にはこいつはいるか？ ウー、アフッ！ アフッ！ アフッ！」

パーサンものってくる。

「あ、ロバね。あんまりいないいな」

夜が更けてから、ぼくは廊下の土間に寝袋を広げて横になった。

はじめてチベットへ来たとき、ぼくは地球の最果てに来た心地がした。それがいつの間にかあたりまえのものになっていた。人間は何にだって馴れてしまう。

だが、チベットのさらに果てへ踏み出そうとしている今夜は、ひさしぶりに胸騒ぎがする。こんなところに雑魚寝することになろうとは、今日の昼までは思ってもみなかった。それも、明日はさっき知りあったばかりのパーサンと、よく理解しきれなかったどこかへ行く。

うまくいくだろうか？

むこうの宿に泊まってれば、外人旅行者と情報交換したりして、快適とは言えなくても、そこそこあったかいベッドにありつけただろうな……。

ラサのあの娘、今度戻ったとき、まだいるかな?

どこかから、甲高い女の歌声が聴こえていた。こんな僻地にもはいりこんだ大音量の広東ポップスが、ぼくをなかなか寝つかせなかった。

ミラレパ物語Ⅰ　家系とおいたち

『ミラレパの伝記(ミラ・ナムグル)』はすばらしい作品だ。聖者伝のかたちをとった寓話であり、チベット人の生活について多くを教えてくれる風物誌でもある。そして何より、旅の物語だ。『伝記』にはさまざまな要素が盛りこまれているが、それを大まかに伝記物語と詩の二つに分けることができると思う。これから、まず伝記物語のあらすじをいくつかに分けて紹介していくことにしよう。

＊

＊

ミラレパは、チベット南部のクンタン地方に生まれた。ミラレパの〝レパ〟とは、〝綿布のひと〟。後年行者になった彼が粗悪な綿布を纏っていたことに由来する。そして、〝ミラ〟についてはこんな逸話がある。

ミラレパの祖先は、チベットの北方遊牧民キュンポ（鷲族）のジョセ氏の末裔で、そのなかにひとりの呪術にたけた男がいた。彼の父親はニンマ派（古派）のラマだった。男は諸国巡礼に出かけ、中央《ウーツァン》地方のチュンパチという村に逗留《とうりゅう》していたとき、村人の間にはびこっていた病魔を祓《はら》って名をあげた。

「我こそは、キュンポ・ジョセなり！　きさまら悪霊の肉を食らい、血を飲み干しにやってきた！」

おたけびをあげながら彼が向かっていくと、おじけずいた悪霊は、

「父さん！　ミラ（何て人だ）！　父さん！　ミラ！」

と泣き叫んで降伏した。以来、キュンポ・ジョセとその子孫は〝ミラ〟という姓で呼ばれるようになったというのである。

つまり、彼は子孫に名を残すほどの傑出した男だったのだ。

ミラレパの血を語るには、もうひとり欠かせない人物がいる。キュンポ・ジョセから三代下ったミラ・ドルジェ・センゲである。彼の父親もまた仏典に通じていたが、この男の場合、得意としていたのは呪術ではなく、こともあろうに博打《ばくち》だった。

さて、その地方には腕のたつ博打うちがいた。ある日、その男は、ミラ・ドルジェ・セン

ゲを試してやろうと、さほど大きくない賭けをして、相手の腕のほどをすっかり読んでしまった。そして、自分の勝ちはあたかも天命であるかのように振る舞った。

「明日こそは、かならず取り返してやる……」

熱くなったミラ・ドルジェ・センゲは、その翌日雪辱戦に望んだ。すると、相手は、彼に三度勝ちを譲るという巧妙な戦略をめぐらしたあと、いっきに勝負に出た。今度は、土地、家屋など全財産を賭けての仇討《あだう》ちを申し込んだのだ。

結果は、ミラ・ドルジェ・センゲの負けだった。

一文なしとなったミラ・ドルジェ・センゲは、その土地を去り、クンタン地方のキャンガツァに流れつき、そこで定住した。彼は交易に従事してふたたび富をたくわえ、肥沃な土地を買い占めた。そして、その息子ミラ・シェンラブ・ギャルツェンは、ニャン地方の豪族の〝白い宝石〟という名の美しい娘を娶《めと》った。彼女は、家事にたけた情の深い女だった。

やがて、〝白い宝石〟は身ごもった。出産の日、夫はちょうど行商の旅に出ていたので、彼女は使いをやって手紙でそれを知らせた。

……私は、男の子を生みました。早く帰って名前をつけてください。

それを読んだミラ・シェンラブ・ギャルツェンは、喜びにあふれて言った。

「よくやった！　名前はもう決まったぞ。わしの息子の名は、トパガー（聞いて喜ぶ）だ」

この息子がすなわち、のちのミラレパである。

子供は、成長するにつれ美しい声をもつようになった。それで人々は、

「トパガーとは、まったくいい名をつけたもんだよ」

と言って、感心したものだった。

また、その頃には、ミラレパ一家はたくさん使用人をかかえる土地の有力者となっていたので、村人たちはこうも噂しあった。

「あいつらはよそ者だっていうのに、いまやあたしたちの誰よりも金持ちだ。あの納屋や農具、身につけた宝石を見てごらん!」


ミラレパの家系に呪術師と博打うちという両極端なキャラクターが混在しているのは、聖者の伝記としては異例のことだ。もちろん、そんな俗っぽさを包みこむ懐の深さが『伝記』の何よりの魅力だ。ここから見ると、世間一般のとりすました宗教というのは、うわ澄みだけをすくったきれいごとのような気がしてしまう。

この家系の気質は、一見して非常にムラがはげしい。直感力にすぐれている反面、それがプラスに出るかマイナスに出るかの振れが大きい。呪術師と博打うちは、生産労働から離れた非日常的領域で聖と俗をきわめる。ミラレパの先ゆきは、ふたつの極へ大きく振れ、揺れ動くものとなるだろう。

このおいたちに関する部分は、予兆に満ちている。呪術師のキュンポ・ジョセは、聖者ミラレパの出現を準備しているし、博打うちミラ・ドルジェ・センゲの大敗には、ミラレパ一家がたどる悲劇の伏線がひそんでいる。ミラレパの半生はあらかじめ予言され、血というカルマによって操られているかのようだ。

また、ミラレパの幼名トパガー(聞いて喜ぶ)は、彼が聖者となってから美しい詩を歌うよう

になることの布石である。

ミラ・シェンラブ・ギャルツェンは、ミラレパが七歳のときに死んだ。父は、死ぬまえに遺言状をしたため、ミラレパの伯父と伯母に後見を頼んでいた。一家の悲惨はここから始まった。

というのは、伯父と伯母は財産のすべてを二人で山分けしてしまったばかりか、ミラレパ親子を自分たちの使用人の境遇におとしめたのである。

〝白い宝石〟、ミラレパ、そして妹ペタの三人家族は、みるみるやつれ果てていった。彼らの食べ物といえば犬の餌と同じで、させられる仕事はロバと同じだった。服は、ぼろきれを肩にかけて草の紐でしばりつけたものだった。

父の生前にはミラレパ一家の顔色をうかがっていた連中は、伯父や伯母が金持ちになったとたん、彼らにおもねるようになった。

実はミラレパには、幼いとき婚約したゼーセというフィアンセがいたのだが、その縁談話も暗礁に乗りあげてしまった。それでも、ゼーセの両親はミラレパに同情的で、彼に靴や服を与えては、なぐさめの言葉をかけたりした。

「財産が消えたからって、貧乏を嘆いてばかりいてはいけないよ。富というものは、草葉の露のようにはかないものなんだ」

ミラレパは十五になった。その頃にはわずかな蓄えを得ていた母は、宴《うたげ》を催して親族や隣人を集め、事態を打開しようとした。ところが、その席へやってきた伯父たちは、遺言状などに耳をくれようとはせず、かわりにこう言ってのけたのだ。

「ミラ・シェンラブ・ギャルツェンが生きていた時分、おれたちはやつに家や畑や家畜を貸してやっていたんだ。あいつは死んで、それを持ち主に返しただけなのさ。それだけじゃない。この家だっておれたちのものなんだ。みなし児ども、出て行け！」

〝白い宝石〟は、泣きわめきながら床に崩れ落ちた。

「ああ、ミラ・シェンラブ・ギャルツェンよ！　あなたの家族の運命を見てください。あなたは、あの世でわたしたちを見守っていると言いましたね」

伯父は息子をたくさんもつ大家族だったので、彼らにあえて反旗をあげる者はすくなかった。

最後に、伯父は捨てぜりふを残して立ち去った。

「おまえたちが多勢なら戦ってみろ。無勢ならば呪うがいい」


その後、ミラレパは、母方の親戚やゼーセの両親などの助けを得て、近郷のニンマ派のラマのもとへ勉強に出されることになった。

それからしばらくたったある日のこと。〝白い宝石〟はふと、家の前を通りかかったミラレパが、このような境遇にもかかわらず歌を口ずさんでいるのを耳にした。

ここに至って、ついに彼女は感情の高ぶりを押さえきれなくなった。囲炉裏の棒と灰を握りしめて家から飛び出し、息子に灰を投げつけ、棒で叩きのめし、あげくのはてに気を失ってしまった。

そのとき、妹のペタが駆けつけた。

「お兄さん！ いったい何をしたっていうの？ 母さんに何が起こったの？」

母が意識をとり戻すと、ミラレパは言った。

「お母さん、そんなに悲しまないでください。ぼくはあなたの望むことなら何でもしますから」

柔順な息子がとりすがると、〝白い宝石〟はこう言いはなった。

「あたしの望みは、おまえが黒魔術を学ぶことだよ。まずあの伯父と伯母、そしてあたしたちをこっぴどく扱った村の連中に復讐してやるのよ！ あいつらを九代後まで根絶やしにしておくれ！」

こうして、ミラレパは黒魔術を習得するために故郷を離れ、中央州へ旅立つことになった。彼が生きた母を目にするのは、これが最後だった。


これまた聖者伝にはあまりふさわしくない遺産相続というなまなましい場面で、欲望のうずまく修羅場が演じられる。ひとつの先祖から枝分かれした同族のなかで諍いが起こってくるところは、『旧訳聖書』を彷彿とさせる。

ミラレパの女性関係は、この時点で屈折したようだ。彼は女性を結婚相手とすることから見放されてしまい、異性への欲求は別の次元で昇華されることが求められている。そして最悪なことに、母の呪いをまっとうすることが、息子に課せられた務めなのだ。少年は母に愛されたいばか

りに、与えられた道をつき進むしかない。

一家は不条理な仕打ちで窮状に陥ったというのに、彼らには仇討ちをする力はない。やり場のない憎悪は、呪いへとふくれあがる。

このあたり、出家や呪術といったものの本質がよく浮き彫りにされている。

『伝記』では、宗教の歴史と個人の成長物語がパラレルに展開していく。歴史の古層にあった呪術は、〝白い宝石〟の呪いと対応する。キュンポ・ジョセが戦った悪霊は、ここでは生身の人間の姿をとって現れている。

ぼくたちはいま、感情のレベルにいる。ミラレパ親子に同情をよせることは、同時に彼らの敵を呪うことだ。

殺してやりたいと思う。


（つづく）

第二章　辺境の村

シャン、シャン、シャン、シャン。

まどろみに誘いこむような鈴の音を聞きながら、ぼくたちは荷馬車で南へ向かっていた。

あまりにも広い空の下、昇ったばかりの太陽が大地の起伏を浮き彫りにしている。高原の朝は、荘厳《そうごん》だ。

凍てついた大気は澄みきっている。数キロ先の風景がすぐ目の前にあるようにくっきり見え、六〇キロ以上離れたヒマラヤ山脈は、わずかにかすんで青みがかっている。

「どれがチョモランマなんだい？」

ぼくは、道案内のパーサンに訊く。

「あれさ」

パーサンが指さす南東の方角にそれらしい山をみとめるが、遠方から望むエベレスト（標高八八四八ｍ）は地平線上の低い山並みの一角にすぎない。むしろここから高く見えるのは、南のチョー・オユー（八一五三m）と南西のチョクシャム（七三一六m）だ。ぼくはチョー・オユーの麓を右手へ回りこむことになるが、そこに達するまでにはまだ三日の道のりがある。

徐々に角度をあげる太陽光線が、冷えきった体を暖めてくれる。

チベットの農村には中国製トラクターが普及してきているが、この地方ではまだまだ荷馬車が主流である。農作物などの運搬のほか、乗り物としても使われている。それは、馬のわきに二本の轅《ながえ》をわたし、リヤカーのような荷車をくくりつけただけのしろもの。クッションなどないから、馴れないぼくには座っているだけでもけっこうしんどい。突き出た石に車輪がぶちあたるたびに、尻の痛みを最小限にくいとめるため腕を突っぱらなければならない。

大地と同じ薄茶色をした集落を通りすぎる。戸口の前に腰かけた老婆が無表情でぼくを眺め、貧しい身なりの子供が、荷馬車の上に珍しい人間を見つけたことを知らせようと家のなかへ駆けこんでいく。

反対方向からくる荷馬車とすれ違いざま、馬子の男は手綱をひいて馬を止める。

「どこ行く？」

「ティンリ。そっちは？」

「シャールン」

「その後ろのやつは？」

「日本人」

「いつティンリに戻る？」

「夕方」

「じゃあ、そのとき会おう」

粗野な男たちのぶっきらぼうな会話は、西部劇のカウボーイを連想させる。

この地方の男たちの多くは、頭にダシェーと呼ばれる髪飾りをつけている。赤や黒の糸を束ね、長い髪といっしょに鉢巻きのように結う。ダシェーは一般に東チベットのカム地方のファッションとして知られるが、カム以外でも中央チベット周辺部からヒマラヤの南のドルポ地方まで、かなり広い地域に分布している。チベット人と雲南の少数民族とのつながりを示唆するものだろう。

ふと、自分がこんな荷馬車に乗って果てしなき曠野《こうや》を移動していることが、不思議なことに思われてくる。

自分は、いったいどこへ行こうとしているのだ？


太陽が南中したころ、ぼくたちは家屋が二、三〇ほどの集落に着いた。

「今夜は、この村に泊まる」

パーサンが言った。ここは彼の実家があるシャールン村である。

荷馬車を降りて木戸をくぐると、中庭につながれた熊のような番犬が狂ったように吠えたててくる。家人に押さえてもらい、そのわきを忍び足で抜け、梯子を登る。

この村の民家は、石を積みあげ泥を塗って造られたものだ。この家は一階が納屋に、二階が住居に使われている。ヒマラヤの森林地帯が近いせいか、チベットにしては建材に木が多用されているのが目をひく。

この村には、電気も水道もガスも電話も通じていない。

土足のまま大広間に通された。外の明るさとはうって変わって、家のなかは異様に暗い。この地方は寒冷なうえに風が強いため、室内の暖気を逃がさぬよう窓が極端に小さく造られているのだ。

目が馴れるにつれ、部屋のすみずみが浮きあがってくる。

二十畳ほどの部屋の中央に暖炉があり、壁際の棚に食器や鍋が並んでいる。窓側にはチベット式のテーブルが並べられ、奥の一角で数人の男たちが何かの話に熱中している。

「日本から来た友人だ」

パーサンが、ぼくを紹介する。会釈《えしゃく》すると、男たちの顔に笑みが浮かび、消える。彼らは、ふたたび自分たちの話にたち戻る。家事をとる女たちは、こちらに軽い一瞥《いちべつ》を注いだにすぎない。大仰な歓迎らしきものは、一切ない。

その家の雰囲気には、昔の日本の〝東北の寒村〟というイメージをさらに重苦しくしたような暗さがあった。だが、その暗さがなぜか懐かしい。いよいよ辺境へきたことを実感する。

「ぼくはちょっと出かけてくるから、ゆっくりしていてくれ」

パーサンはそう言って、部屋を出ていった。

とり残されたぼくは、バター茶をすすりながら、はじめての環境をそれとなく窺いはじめる。

男たちは話に没頭していて、ぼくに対して予想外に関心を見せなかった。それを露骨に表さないことが、この土地の気質なのだろうか？　チベットではめずらしく髭を伸ばした長老風の男が、他の男たちに何かを諭している風だが、ぼくには土地の言葉はかいもく聞きとれない。

女が三人、長筒《ドンモ》でバター茶を作ったり、鍋を洗ったりとせわしなく働いている。歳のころ五十位の方はこの家の主の嫁、二十歳そこそこの女は息子の嫁と察しがつくが、残りのひとりはどういうわけか袈裟《けさ》を纏《まと》った尼だ。なぜ、一般家庭で尼が働いているのだろうか？

ぼくのかたわらには、まだ一歳に満たない赤子がいた。いつまでたっても離れようとしないので不審に思っていると、腰に二メートルほどの紐を結ばれ、何と柱に繋がれていた！　赤子は、行動半径にある土間と腰掛けとのあいだを、四つん這いで登ったり降りたりを繰り返し、しまいにはぼくの膝のうえにもよじ登ろうと試みる。

ぼくは、手持ち無沙汰をまぎらわそうと、達磨のように厚着した赤子を膝に抱き、愛嬌を振りまいてみる。だが、その生きものは、異様に大きな瞳でまじまじとこちらを見つめているだけで、笑わない。

子供をあやすということが、この家の住人にはあまりないらしい。

赤子からは湿ったにおいがする。汗のせいか、あるいは垂れ流しにちがいない尿のせいだろうか。鼻のしたには黄色い鼻汁が垂れ下がっていて、お世辞にもかわいらしい子供ではない。人間というより、ばかでかい芋虫のよう。ここに生まれ落とされた人間は、まず芋虫として、厳しい風土で生きのびる練習を積むのだ。

赤子は、ぼくの眼鏡をつかもうとする。予想を大幅にうわまわる力でぼくの腕を押しのける。顔をそむけるが、間にあわない。

「あ、ダメだよ」

ぼくの言葉が通じるはずもなく、赤子は眼鏡を握りしめた手をすかさず口へもっていく。母親が飛んできてしかりつけ、眼鏡を取りかえす。ぼくがそれをかけなおすと、レンズにべっとりついた油脂で、視界が曇っている。

それをきっかけに、ぼくは若奥さんと話を始めることができた。

「男の子？　女の子？」

「女の子」

「あんたは、この子のお母さん？」

「そうよ」

「旦那さんは誰？」

「あの人」

目を促す方には、いまさっき部屋にはいってきた赤い髪飾りをつけた男。こちらを向いたその男に、

「で、あんたはパーサンの何？」

「弟」

「父さんはどの人？」

「いまは仕事に出ていていない。晩に戻ってくる」

彼は、ぼくの身の上についていくつか質問してくる。ぼくは、これまでのいきさつについてたどたどしい言葉で説明する。

尼の娘は、皆の面前ではぼくにひややかな態度をとっていたが、あとで男たちが出はらってしまうと、急にこちらが気後れしてしまうくらい親密に振る舞うようになる。

「あんた、尼さんなの？」

「そうよ」

「なんで、ここで仕事してるんだい？」

「あたしは、この家の末娘よ」

彼女は、四年前の二十歳のときに出家して以来、ヒマラヤの南のクンブ地方の尼寺に棲んでおり、いまは帰省中なのだとはにかみながら教えてくれた。坊主頭の彼女は、チベットの田舎娘がたいていそうであるように、頬がポッコリ赤くなっている。

ぽつぽつ話をすすめるうちに、ぼくはここの家族関係をいくらか把握できるようになった。

この家の主人は、長男のパーサンにティンリで店を開かせ、次男に家業を継がせ、末娘をヒマラヤの向こうの寺へ出すという、かなり考えた子供の配置をしていることが分かる。先祖代々続いてきた村の生活に根を降ろしながら、ラサから押し寄せる都市経済にも対処し、仏教という精神的よりどころへの配慮も失わない。末娘を出家させたことで、結果的にネパールとのつながりも確保している。流動的な政治情勢のなかで生きのびる柔軟さを身につけているあたり、さすがは国境地帯の住人だ。

一家の生活は、羊の放牧をベースに畑作と交易でおぎなわれている。所有する家畜は、羊百頭のほか、ヤク五頭に馬一頭。羊を放牧して肉や乳製品、羊毛をとり、それと平行して痩せた土地にわずかな畑を起こし、麦やじゃがいもなどを栽培している。ヤクは食用の家畜だが、この地方では荷物運搬にも使われる。馬は、起伏のはげしいこの土地では重宝な乗りもの。いい馬を一頭もっているということが、彼らの自慢である。


チベットの女はたいへんな働き者だ。女が家事や農作業をするかたわら、男どもは日がな賭け事でのらりくらりしている光景も、めずらしくはない。しかし、それを考慮しても、この家の女たちの働きぶりにはふつうでないものがあった。

男たちはくつろいで世間話にふけっているというのに、女たち三人はつねに何らかの仕事で忙しい。子供の背丈ほどある木筒《ドンモ》でのバター茶づくりが終わったかと思えば、休むいとまなくじゃがいも洗って火にかけ、赤子の面倒をみ、納屋へ子羊のようすを見に行き、男たちにバター茶をすすめ、暖炉にヤク糞をくべる。どうやら、女たちにとって休むことは何か重大な過失を意味するらしく、なるたけひまな時間ができてしまわぬように努めているのが分かる。

ふと、部屋の隅から何かの動物の鳴き声がした。近よってみると、積みあげた布団のすきまに埋まっていたのは、まだ生後まもない人間の赤子だ。

「いつ生まれたの？」

「一週間前よ」

そう、彼女はことともなげに言う。日本でならそんな時期はまだ安静にしているはずなのに、もうバリバリ家事をこなしているのだ。

しばらくして、上の子供を寝かしつけようと思いたった彼女は、さきの芋虫をつかまえて布団にくるんで籠《かご》にいれ、何と紐で縛りつけてしまった。

「フギャーッ！　フギャーッ！　フギャーッ！」

身動きできなくなった芋虫は大声で泣き叫ぶが、あとの祭りだ。奥の小部屋へ運ばれてからもしばらく泣きつづけていて、何だか気の毒な気がしてくる。子供をいつも見ていられないこの地方の母親たちが、よくやる手のようだ。放っておくと誤って暖炉で大やけどするかもしれないし、よちよち表へ這い出たりすれば、野犬や禿鷲の餌食にもなりかねない。

あとで小部屋を覗きに行くと、動かせる唯一の器官である大きな瞳だけが、あたりをきょろきょろ窺っていた。


ミラレパが鼻汁たらした赤子だったころ、彼もまた芋虫として柱に繋がれ、土間を這いまわっていただろうか。そう考えると、ミラレパの経たしがらみが、縛られた赤子とオーバーラップして見えてくる。

ミラレパの生まれたクンタン地方は、この村からおよそ一五〇キロ西にある。ぼくはその地方を訪れたことはないが、同じヒマラヤ北麓だから、風土や暮らしはこの村と大差ないはずだ。

よそから流れてきたミラ・ドルジェ・センゲは、肥沃な土地を買収し、土地の豪族の娘を娶り、三階建ての館《やかた》を建てた。ミラレパ一家が一種の成りあがりであったことは、この村に来てみるとよく分かる。辺境の村で三階建てといえば、ほとんど御殿だ。

それを遺産相続で乗っとったのは同じ血をひく伯父と伯母だったが、それ以外の村人たちからも、一家は羨望と嫉妬の的になっていたはずだ。ミラレパの経た惨劇は、チベット人の日常にひそむ悪意を代弁するものでもあるだろう。このような厳しい土地では、貧困が死とすれすれのところにあるだけに、人間の欲望の深いところがあからさまになってしまう。そして、そこに根差した祈りや呪いがある。

また、ヒマラヤ北麓の国境地帯で生きのびるためには、多方面への敏感さ、賢さが要求される。その地方からミラレパという聖者が出たのは、ひとつにはそこが中央権力から離れた周縁にあって、異文化に開かれていたためだろう。

パーサンが帰ってきてから、ぼくは意外なことを知らされることになった。

シャールン村の男たちのグループが、明日からヒマラヤ越えの交易の旅に出るという。約二週間の行程で、標高五千七百メートルのナンパ峠《ラ》を通り、国境の向こうのナムチェ・バザールとの間を往復するのだ。ナムチェ・バザールは、外国人にはネパール側のエベレスト方面へのトレッキング拠点として有名な村だ。その隊商《キャラバン》にはパーサンの弟も加わり、帰省中の尼さんもそちら方面の寺へ帰るので同行する。

そして、パーサンが言うには、その一行にこのぼくが加わるというのである。

「何だって?」

「だって、あんたは向こうへ行きたいんだろう」

「ぼくは、ナムチェに行くんじゃない」

「それは分かってる。途中まで行くってことさ」

「パーサンも行くんだろ」

「ぼくは行かない。かわりに弟が案内する」

ティンリを出てくるとき、パーサンは四日の行程で峠の手前まで案内すると約束していた。これだから、チベット人の約束はあてにならない。

それでも、ぼくと同行する期間が縮まったことを考慮し、彼が「七十元まける」と申しでてきたときは、チベット人にはめずらしい律義さを感じたものだ。パーサンは、自分はまっさきに新妻のもとへ舞い戻り、弟には仕事をまわし、ぼくにもいちおうの筋を通すという絶好の地点を見い出したわけだ。

「どうだい?」

「うん……」

「あんたの荷物は、ヤクにのせればいい」

ぼくは、その一方的な変更に腑に落ちぬものを覚えていた。だが、よくよく考えてみれば、悪くない話だ。

ヒマラヤ越えの隊商と同行する……。そっちの方が断然いい。

「分かった。それで頼むよ」

彼らが隊商を組むのは今年はじめてだというから、パーサンがその予定を前もって知っていたのか、あるいはたんなる偶然なのかは分からない。だが、それはぼくにはどちらでもいいことだ。今晩自分がどこで寝るのか、明日いったいどこにいるのか、すべてはなりゆきに任せるしかない。

昨日ティンリに着いてからというもの、すべてが予期せぬ方向へとんとん拍子で運んでいる。海を漂流していたボートが、いきなり速い潮に乗って動き出したような感じ。

パーサンがいなくなることで、ぼくは言葉の障害がさらにぶ厚くなるのを覚悟しなくてはならない。彼はラサの標準語を話せるので意志の疎通はなんとかできるが、村人だけとなると、手ごわい。

ぼくがロンシャルへ抜けるポゼ峠《ラ》を越えることを現実として考えるようになったのは、このときだ。なぜなら、その峠の標高はナンパ峠《ラ》より五百メートル低いのである。彼らが峠を越えられるなら、ぼくもたぶん越えられるはずだ。

日が暮れる前、ぼくは男たちといっしょに外へ出、石積みのヤク囲いのなかで儀式に立ちあった。男たちは、明日から使うヤクの耳に針で穴をあけ、新しいタルチョ（祈りの旗）を結びつける。そして、麦粒を石のうえに供え、ツァンパの粉を宙に投げながら大声で祈りを唱える。

「ソォー！ ソォー、ソーソーソ」

小窓の外が闇に没しようというころ、パーサンの父が羊の放牧から帰ってきた。見知らぬ異邦人が自分の居間でくつろいでいるのを見て、一瞬ギョッとする。

「誰だ? こいつ」

「ロンシャルに行く日本人さ。明日、隊商といっしょに行くことになった」

ぼくは、笑顔で会釈する。

主人は、チャン(ビールに似た地酒)を振る舞ってくれた。この地方の流儀は、発酵させた麦をジョッキに盛って湯を注ぎ、竹のストローで飲む。女たちが、バター茶のときと同じように、ときどき両手でジョッキをすすめてくる。湯はちょくちょくつぎ足されるので、いくら飲んでも量が減っていかない。

チャンは、チベットの飲食物のなかで「これはうまい」と断言できるもののひとつだ。とはいえ、いまは飲みすぎは禁物。アルコール度は低いので高度による急性アル中の危険は少ないが、暑くもないのに水分をたくさんとれば、当然のことながら生理現象に結びつくのが困りものなのだ。なんせ、便所のある中庭には、あの獰猛な番犬がひかえているのだから。ミラレパでさえ犬に咬まれたエピソードを残しており、チベットの番犬は冗談抜きで恐い。

晩飯のメニューは、ツァンパと茹でたじゃがいも、そしてじゃがいもと羊の干し肉を煮こんだスープ。つつましい食べ物だが、きっとお客のために最上のものを出しているはず。スープはとろみがあって、いける。

ちなみに、ここの方言では、標準語でショーゴーであるじゃがいもはリギと呼ばれていた。

これひとつとっても、彼らの語彙が中央チベットとはずいぶん違うことが分かる。

「明日は、わしも荷馬車で途中までいっしょに行くよ」

赤ら顔の主人は、そう言ってから新たなかけひきをしてくる。

「もし、あんたがあと五十出すなら、途中まで荷馬車で行けるぞ」

金だけの問題ではなく、ひ弱な外国人にはそれなりの待遇が必要なことを噂に聞いているのだろう。

「ヤクで荷物を運んでもらえさえすれば、十分です。それに、金もないし」

ぼくが辞退すると、主人は「それほど高くはないはずだが」といった怪訝な表情をする。

金がないことを装うのは、旅するときの防衛本能だ。事実、それ以降、彼らはぼくに何かをせびってくるようなことはなかった。

酔いのまわったぼくは、村の男たちが夜更けまで話しこむかたわら、腰掛けの上で横になる。

尼の娘が、奥の間から布団を出してきて掛けてくれる。

おもてでは、犬が吠えつづけている。

ミラレパ物語Ⅱ

黒い悪業、白い善業

故郷を去ったミラレパは、ヤルン地方のキョルポに住む黒魔術師ラマ・ユントン・トギャルの門をたたいた。携えた黄金やトルコ石を差し出し、ミラレパは言った。

「こればかりでなく、わたしという存在のすべてを差しあげます。どうか哀れみをたれ、村に放つために最も霊験ある呪文をお教えくださいますよう」

すると、師は答えた。

「おまえの言ったことは考えておこう」

一年ほどの間に、ミラレパは〝天と地を衝突させるための呪文〟などを授けられた。しかし、ほんものの黒魔術の奥義を身につけることはできなかった。

ある日、ミラレパは、師の畑を肥やそうと家畜の糞を集めて畑に埋めていた。館の屋上でそれを目にしたラマ・ユントン・トギャルは、ミラレパの純粋さに打たれた。そして、ミラレパが受けた惨禍の一部始終を知るに及んで、呪術を伝授する決心をした。

「ただし、おまえは別の師匠のもとへ行かねばならぬ」

師はミラレパに、医師にして呪術師のヨンデン・ギャツォという人物を紹介した。以前ふたりは黒魔術を教えあい、互いの弟子を送りあって盟友の証しとする約束をかわしていた。

ミラレパは、ヨンデン・ギャツォのもとへ行き、前師の手紙とともに貢ぎ物を差し出して教えを乞うた。

「わしの友は、誓いを守っているようだ。わしはおまえに呪術を授けよう」

新しい師は、そう言った。

山の背にミラレパの修法堂が造られた。そして、ヨンデン・ギャツォはミラレパに呪文を授けた。修行のあいだ誰も中へはいれぬよう、修法堂のまわりはヤクの体ほどもある石で囲われた。

ミラレパが七日の修行を終えたとき、師がやってきて言った。

「前のときは七日で十分だった。今度もこのくらいでいいだろう」

すると、ミラレパは言った。

「呪力を遠くまで及ぼさねばなりません。あと七日のあいだ続けさせてください」

十四日目の晩、師がふたたび来た。そして、今夜、祭壇のまわりに成就のしるしが現れるだろうと告げた。

その夜、ミラレパの前に、三十五人の血のしたたる首と心臓をもった守護神たちが現れた。

「おまえは何日もの間わしらを呼んでいたが、おまえの望みのものはこれらであろう」

翌朝、師は、生け贄となるべき人間があと二人いるが、彼らを殺したいかどうか尋ねた。

ミラレパは、伯父と伯母は生き証人として生かしておくようにお願いした。

その日、故郷の村キャンガツァでは、おりしも伯父の長男の婚礼がとりおこなわれようとしていた。伯父の他の息子たち、そしてその嫁たちが、ミラレパの家族をさげすんだ者らを連れてやってきていた。館のなかには、三十五人の人間がいた。

伯父と伯母は、おもてで御馳走やスピーチのことについて話しあっていた。昔ミラレパ一家につかえていた女中が、水を汲みに中庭へ出たところ、彼女は不吉な光景を目にした。あたり一面に蠍《さそり》、蜘蛛、蛇、蛙などがうようよしていた。また、一匹の巨大な蠍の化け物が、ハサミで館の柱をつかみ、ひき倒そうとしていた。女は、あわてて逃げだした。

館の馬たちは、パニックに陥った。馬が馬に襲いかかり、柱に体当たりした。そして、館は一挙に崩れ落ちたのだった。三十五人の者たちは、一人残らず瓦礫に埋まって死んだ。そこに駆けつけたミラレパの母〝白い宝石〟は、その光景を見ると残忍な喜びでいっぱいになった。

「見るがいい! ミラ・シェンラブ・ギャルツェンが、立派な息子をもたなかったかを! この瞬間まで生きながらえることができて、あたしは何と幸せなことか!」

親族をなくした者たちは、ミラレパの母を殺そうとした。しかし、ミラレパが同じことを繰り返すのを恐れ、そちらを捜しだして殺すのが先決だと思った。

〝白い宝石〟は、村を通りかかった巡礼者に息子への手紙を託した。彼女は手紙のなかで、黒魔術がみごとな成果をもたらしたこと、いま自分たちには殺される危険があることを伝え、ふたたび黒魔術をつかい雹嵐《ひょうあらし》を起こさせるように要請した。

ミラレパにその手紙を見せられた師のヨンデン・ギャツォは、こう言った。

「おまえは、ずいぶん執念深い母親をもっているようだな」

ミラレパは、前師ラマ・ユントン・トギャルのもとへ戻り、雹嵐を降らせる術を授かった。修法堂に籠《こも》って七日目、堂内に雲が流れこみ、稲妻が走り、雷鳴がとどろいた。彼は、指先で雹を扱えるようになったことを知った。

ミラレパは、遊行僧の装束に身をやつして旅立ち、故郷の村へ戻った。この年は、村の古老でさえ覚えがない豊作で、村人たちは勝手に刈り入れを始めない取り決めをしたほどだ。そのときは、数日後に刈り入れを待つばかりだった。

ミラレパは高台へ登り、呪文を唱えはじめた。はじめは雀ほどの雲しか集まらなかった。彼は守護神の名を呼び、自分の願いは村人たちのひどい仕打ちに基づいていることを告げ、さめざめと泣いた。すると空に思いもよらぬ巨大な黒雲が現れ、たちまち雹嵐が吹き荒れた。

こうして、畑の作物は一挙に壊滅したのだった。

ミラレパは母に会いたかったが、彼に敵意をもつ村人たちを恐れた。そこで、急いでニェラムへ逃げ、ティンリを経由して師のもとへ向かった。

晴れ舞台の婚礼を選んで仇を虐殺し、しかも最も憎い人間だけはあえて生かしておくというのも、身の毛のよだつ怨念である。雹嵐もまた、あえて豊作の年に降らされている。宗教文学にこんな怨念があっていいものだろうか？　もちろん、そのシーンに快感を覚えてしまうぼくたちのなかにこそ、おぞましさはある。

このあたりの物語は多少つくりものめいているが、黒魔術はチベットで実際に行われていたものだ。今でこそあまり見かけなくなったが、二番目の雹嵐を降らせる術については、二〇世紀初

頭にチベットを訪れた河口慧海が、これとは逆の雹嵐をくいとめる術を奇習として報告している。実際、当時のチベット政府は、その呪術をとりおこなう名目で、〝雹嵐税〟なるものを国民から徴収していた。

チベット人にとって、雹嵐は腹の底から恐ろしい。ことによれば、食生活の基盤である畑を壊滅し、家畜を殺してしまうからだ。彼らには、きっと飢餓の記憶が体の奥深くに刻まれていて、それを回避したい切実な祈りが奇習を生んだのだろう。

ミラレパ一家の呪いは、ここで呪術に発展した。そして、才能と純粋さに恵まれたミラレパは、予定した人殺しをあまりにも見事に成し遂げてしまったのだ。

ミラレパは、黒魔術がひき起こした災いを深く後悔した。ほんとうの教えを求める気持ちがつのってきた。しかし、それを師に言い出すことはできなかった。

そのころ、師が大切にしていた檀家のひとりが死んだ。

「ああ、この世はなんと無常であることか。わしは、歯の白かった若いころから髪の白くなる老年までを、黒魔術に費やしてしまった。そして、おまえはまだ若いというのに、罪を重ねてしまった。このことがわしを悩ますのだ」

師もまた自らの人生を悔い、すべての生きとし生けるものを救済するため、修行に出たいと思うようになっていた。

「さもなくば、おまえがそれをしてくれないか」

ミラレパは、自分が修行したいと申し出た。

ミラレパは、ロダク地方のマルパのもとへやってきた。マルパはインドの大聖者ナローパの直弟子で、インドから貴重なお経をもたらした類いまれな訳経師として知られていた。彼は、妻子ある行者だった。

「わたしは、西の高地から来ました大罪人です。あなたにわたしのすべてを捧げますので、どうか衣食と教えを施してくださいますよう」

そうミラレパが言うと、でっぷりと肥えたマルパは答えた。

「自分のすべてを捧げるというのは気にいった。だが、わしはおまえに衣食と教えの両方を与えるわけにはいかない。また、おまえが教えを選んだとしても、この生涯のうちに解脱《ニルヴァーナ》を得るかどうかは、ひとえにおまえの努力次第である」

もちろんミラレパは教えを選び、衣食は自分で托鉢《たくはつ》することにした。マルパは、ひそかにミラレパの将来に大きな期待を寄せていたのだが、彼の深い罪を浄化するためには、悪辣な手段を用いていじめぬく必要があった。

まず、マルパは自分の檀家を襲った盗賊たちを雹嵐で退治するように命じた。ミラレパが痛恨の思いでやむなくそれを果たし、そのあとで再び教えを乞うと、マルパは彼をどなりつけた。

「おまえは、わしが命がけでインドへ行ったのが、おまえの罪をつぐなうためだったと言うのか？　冗談もほどほどにしろ！」

そして、何と雹嵐の被害をもと通りにするよう命じるのだ。マルパは気が短く、その言うことなすことは不条理そのものだった。

次にマルパは、東の峰に円形の塔を築くようにと言った。ミラレパがそれを半分ほど築きあげたころになって、またマルパは言った。

「このまえはよく考えていなかったので、塔を壊し、土と石をもとあったところへ返せ」

万事がこのような具合で、マルパの命令で西の峰に造りはじめた半円形の塔も、北の峰に造りかけた三角形の塔も、途中で取り壊さなければならなかった。

「大呪術師よ。いったい誰がこんな塔を築けと言った？　わしがそう命じたというなら、証人はいるのか？」

そう言ったあとで、マルパはまたしても今度は四角くて白い十層の塔を築くようにと命じ、それを終えた暁には秘密の教えを授けようと約束した。マルパにはたいへん慈悲深いダクメマという妻がいたので、ミラレパは彼女にその約束の証人となってもらうことにした。彼女は、ことあるごとにミラレパを励まし、助けてくれていた。

塔がほぼ完成したころ、マルパの弟子のゴクトン・チョドルが遠くから奥義の伝授を受けにやってきた。ミラレパは、自分も伝授を受けられるものと思ってその席に参列した。だが、マルパは彼を打ちのめし、髪をつかんで外へ放りだした。

「おまえは、塔を築くのは中断して、塔の下に回廊に囲まれた神殿を造れ」

このころにはミラレパの背中にはひどい腫れものができ、血と膿がにじみだしていた。マルパはひそかに心を痛め、ミラレパの柔順さを称賛していたのだが、それを顔に出すことはなかった。

そのありさまを見かねたダクメマは、一計を案じた。ミラレパが立ち去ろうとし、彼女がそれをひきとめるという芝居を打つことにしたのである。だが、マルパは、彼らの芝居をわけなく見破ってしまった。

「おまえたちがやっているそれは、いったい何の真似だ」

ダクメマは、ミラレパを庇った。

「この人は、無駄死にすることを恐れ、ほかの師《ラマ》を探しに行こうとしているのです」

するとマルパは、ミラレパを何度も殴りつけて言った。

「おまえは、自分のすべてを捧げると言ったのだから、わしにはおまえを切り刻むことだってできるんだ！」

その後、絶望したミラレパは、とうとうマルパのもとを去る決心をした。それをダクメマに申し出ると、彼女はまた一計を謀った。ダクメマは、マルパが師のナローパに与えられた宝石やルビーの数珠などを夫の部屋から盗み出し、それといっしょに偽の手紙をミラレパに授け、ゴクトン・チョドルのもとへ送ったのだ。手紙はゴクトン・チョドルに、秘密の教えをミラレパに授けるようにと命じていた。

何も知らないゴクトン・チョドルは、ミラレパに秘密の教えを伝授してしまった。だが、不思議なことに、ミラレパはそれによっては何ら啓発を得ることはできなかった。

ちょうどそのころ、ゴクトン・チョドルへマルパから手紙がきた。手紙は、マルパのもとへ来るように命じていた。また、その一方でダクメマはミラレパに手紙を書き、今度こそマルパが教えを授けるつもりであることを伝えた。ミラレパは、ゴクトン・チョドルとともにマルパのもとへ戻った。

ことの次第を知ったマルパは、激怒した。

「ゴクトン・チョドルよ。おまえはなぜこやつに教えを授けてしまったのだ」

マルパは、手に持った杖にちらちら目をやりながらそう言った。ゴクトン・チョドルは恐る恐る答えた。

「あなたご自身が、ナローパの宝石やルビーの数珠を添え、手紙でそう指示されたのではありませんか？」

怒りをあらわにしたマルパは、ミラレパを指さして言った。

「おまえは、その品々をどこで手に入れたのか？」

ミラレパの心臓は張り裂けそうだった。彼は震えながら、奥様がそれをくださったのだと言った。それを聞いたマルパは杖を握りしめ、妻を打ちすえようと部屋を出ていった。ダクメマはお堂のなかへ逃げこみ、内側から鍵をかけて閉じこもった。

ミラレパは、自分の罪のせいでゴクトン・チョドルやダクメマまでをも巻き添いにし、教えを得ることができないばかりか、さらに罪を重ねる一方であることに絶望した。彼は、ついに自殺しようと考えた。

ところが、ここに至ってマルパは一転したのだ。師は、これまで彼がミラレパに与えた試練が罪を浄化するためだったことをあかし、ゴクトン・チョドルやダクメマのしたことも正しかったのだと言った。

「いまこそ、わしはおまえに教えを授けよう」

ミラレパは、夢見ごこちで喜びに泣き、マルパに礼拝した。

ミラレパは、マルパの指示で真っ暗な岩屋に籠り、長い瞑想にはいった。十一か月が過ぎたころ、マルパが訪れ、岩屋から出てくるようにと言った。

「息子よ、おまえはいったいどんな知恵を得たのだ？」

ミラレパは、まず詩を歌ってから、自分の得たものについて述べた。

「この体は善と悪との境界にあって、重大な選択を迫られていることを理解しました」

そして、ミラレパは、仏教の基本から大乗仏教、密教、瞑想の高い段階についての見解を述べた。

それを聞いたマルパは、こう言って喜んだ。

「わしはおまえに大きな望みをかけていたが、その望みは満たされた」

その後、マルパはさらにいくつかの教えを授け、ミラレパの将来の修行地を山奥や雪の地と定めた。そして、あと数年ここに留まるように命じ、ふたたびミラレパを岩屋に籠らせた。

身の毛のよだつ呪いが終わったかと思えば、今度はサディスティックなまでのいじめが待っていた。

ミラレパに悪業を積ませる力を与えたのは、実の母と黒魔術師だったが、善業を積む助けとなったのは、マルパとその妻ダクメマである。教えは男性に属し、そこにエネルギーを注ぐのが女性の役割となっている。

マルパがミラレパに課したとてつもない修行は、一見つくり話のように見えるが、当時実際に行われていた修行をモデルにしていると考えていいだろう。マルパが造るように命じる館はマンダラの図形を表しており、秘密の意味が込められているようだ。

真っ暗な岩屋に籠って瞑想するという修行法は、いまでもチベット各地で行われている。マルパはミラレパを自殺の一歩手前まで追い詰めてから教えを授け、岩屋に閉じこめる。ミラレパは俗なる世界で一度死に、岩屋という子宮を経て、聖なる世界に再生する。悪業と善業はセットの関係にある。

惨劇に始まったミラレパの旅は、呪術を経て仏教に逢着した。ここには、チベット仏教のカギュ派が、土着の宗教ボン教や呪術的要素を含むニンマ派を背景としながら、インドからの新しい波をうけて登場してきた経緯が反映されている。ちなみに、現在もヒマラヤ地方のチベット圏では、主流派のゲルク派よりもニンマ派とカギュ派が根強く、この二派は山奥での隠棲を重んずる傾向が強い。

（つづく）

第三章　キャラバン

夜があけてもう三時間になるというのに、ぼくたちはまだシャールン村にいた。パーサンは、朝いちでティンリへ帰っていった。その家から隊商に加わるのは、次男のドルジェと末娘の尼、それにヤク三頭。主人は、娘を荷馬車にのせて途中まで送ることになった。出発が遅れたのは、尼の荷物を行李に収めるのに手間どったからだ。彼女は家族や親戚からたいへん可愛がられていて、布団をもう一枚持ってけ、ツァンパもそれじゃ足りないとやっているうちに荷物がふくれあがっていった。

ドルジェの用意した頭陀袋には、中国製の衣類や靴、煙草、茶などがどっさり詰まっている。それをネパール側のナムチェ・バザールで売り、帰りにはゾー（ヤクと牛の混血種）やネパール製インド製の雑貨を仕入れてくる段取りだ。それから、これはブラック・ビジネスだけれど、ネパール・ルピーを仕入れて中国側で両替すれば、そこそこの儲けが出るという。ただし、これは相当の額やらないと大きな利益にはならないはずだし、大量にやりすぎれば警察もほっておかないだろう。

村の四つ辻で七、八人の男たちと合流し、ヤクは全部で十五頭ほどになった。隊長は、四十過ぎのギャルツェンという名の男。着古した山用ジャケットで現れたギャルツェンは、三つ編みの長い髪を背中にたらし、いかにも経験豊富そうな落ちついた貫録を漂わせている。

ぼくたちは、村はずれで地べたにあぐらをかいて座り、女たちの酌でチャンを飲む儀式を受けた。チベットでは、チャンはしばしばお神酒《みき》として扱われる。女たちは、隊商の一人ひとりの首にカタを掛け、道中の安全を祈る。カタは、敬意や祝福を表す長さ二メートルほどの白い絹布である。

女のひとりが、ぼくの首にもカタを掛けてくれる。表面的な親切よりも、このような心からの敬意が自分にはうれしい。

「ド（行くぞ）！」

ギャルツェンの掛け声で立ちあがると、ほろ酔いですこし足がふらつく。

太陽はもう高く昇っている。

いよいよ、遙かなるヒマラヤ山脈へ向けて出発だ。

ぼくたちは、手分けしてヤクの群れの後ろと横につき、舵をとった。ヤクは、頭をゆっくり上下させながら、ギュッギュッと背中の荷をきしませて歩く。なかには人目を盗んでわきにそれたり、道端の草を食みだすやつがでてくる。そんなとき、男たちは、

「ヤッ!」

と、かん高い奇声を発してしかりつけるのだ。

ぼくも隊商に加わったからには、見よう見まねで声を出しヤク追いにあたった。

遠くで畑を耕していた女が、首にカタをかけた一行に気づき、腰をあげる。

「どこ行くさね!」

乾いた声が、曠野を風のように渡ってくる。

広大な平原のところどころに南北に丘陵が走り、南の地平線に白い山脈が連なっていた。

歩きだしてみて、ひとつ安心したことがある。男たちの歩くペースが、予想していたよりずっとゆっくりだったことだ。ぼくが危惧していたのは、この自分がはたして土地の頑強な男たちについていけるかということだった。なんせ、彼らはこの四千五百メートルの標高を子供のころからあたりまえに育っていて、逆に低地へ赴くと体に変調をきたすような人間なのだから。

キャラバンの歩調は、ヤクの歩くスピードだ。背中にひとつ三十キロはありそうな頭陀袋を四つも載せられていては、さすがのヤクだってそんなに速くは歩けない。

しかし、一時間ほどして、はやくもその楽観的な見通しがはやとちりだったことに気づかされた。ペースは確かにゆっくりでも、ぼくたちには休憩というものが基本的に許されないのである。もし、ぼくたちが立ち止まれば、ヤクはかってにどんどん先へ行ってしまい、しまいにはてんでばらばらになってしまうだろう。

このへんは犬や馬などと違い、ヤクはそれほど人の思いどおりになる家畜ではない。〃高原の宝〟などと呼ぶのは酷使する人間の側であって、ヤクがもし人間について感想を述べるとすれば、はっきり「嫌いだ」と言うだろう。実際、彼らはひとえに人間から離れたくて歩いているのだ。

もちろん、日に二、三度は休憩をとることになるが、これはこれでひと仕事だ。草地に出たところで、男たちがヤクにくくりつけた荒縄を解き、荷物をドサッと地面に降ろす。するとヤクたちは、山へ谷へと草を求めて散らばっていく。

その間、ぼくたちは湯を沸かして軽食をとる。

で、さァ出掛けようという段になると、すでにヤクの姿は四方八方でゴマつぶのように小さくなっている。ぼくたちは、手分けして上《かみ》へ下《しも》へと向かう。ところが、ヤクは人間が嫌いなので、当然逃げる。荷を降ろされたヤクは、走るとなかなか速いのだ。ぼくなどは、こんな高地で走ったりすれば、ほんの数十メートルで息たえだえになってしまう。

男たちが、おいしい食べ物でヤクをおびき寄せる。数人でヤクをとり囲んでつかまえると、一人が角をつかんで押さえ、そのあいだに二人で荷造りする。荷造りにはコツがいるので、ぼくは角をつかむ役にあたる。怪力のヤクは、ときどき頭をブルンとひと振りして逃れようとする。うっかり角の直撃を受けてはひとたまりもないので、気は許せない。

こんなわけで、荷造りだけでゆうに三十分はかかってしまう。だから、ぼくたちはそうちょくちょく休みをとるわけにはいかないのである。

昼前に、ぼくたちは村に立ち寄った。

とある家の前で、バター茶を振る舞われる。ぼくは、子供のひとりが首に竹細工を下げているのを見つける。よく見ると、アイヌの〝むっくり〟に似た楽器だ。

「それ、何て名前?」

「カワン」

アイヌと同じ竹製の口琴。いままで中央チベットで見たことはなく、チベットでは東部の森林地帯やヒマラヤ山岳部で使われる楽器のようだ。ヨーロッパや南北アメリカにも分布しているから、少なくとも数万年以前の人類の古層でつながっているはずだ。インドやネパールでは金属製のトリシュール(三叉《さんさ》の戟《げき》・シヴァ神の持ち物)の形をしたものが見られる。

外人の姿がめずらしいこともあって、子供たちがたくさん集まってくる。すると、パーサンの父が言いつける。

「ヤクを見張っててくれ!」

子供たちは、おこずかいがもらえると知って、喜んで走っていく。

ふたたび出発すると、村はずれにチョルテン(仏塔)があった。その大きさが、ここが街道にあたっていることを示している。隊商の男たちは、通りがてら小石を載せて祈っていく。

塩や羊毛を産するチベットと森に恵まれたネパールは、古くから交易を行ってきた。それは文革期には下火になっていたが、ようやく近年になって復活してきた。とくにこの地域で交易が盛んなことには、理由がある。

ナンパ峠《ラ》のむこうのナムチェ・バザールの住人は、主としてチベット系のシェルパ族である。いまでこそ国境線はヒマラヤ山脈の最も高いあたりに引かれているが、もともとのチベット圏は、その南側一帯にまで及んでいた。しかし、ネパールがインドやイギリスをバックに国力をつけた結果、その地方はネパール領となり、チベットが中国領となってからも国境線は大きく動かなかった。その後、中国が共産主義の悪夢のなかで鎖国状態に陥っているうちにネパールは観光立国になり、シェルパ族は一躍有名になった。その結果、ナムチェ・バザールは、エベレスト方面への登山隊やトレッカーで潤ってしまったのである。

ナムチェには、伝統的なチベットの産物に加えて中国製品へのニーズがある。しかし、その険しい山岳地帯へはいまだに車道が通じていない。チベット側から荷物を輸送するのに、正規に国境を通りカトマンドゥを迂回していたら、相当な遠回りとなるうえ税金や賄賂も加算される。だから、ヒマラヤを徒歩で越えて直接運んでしまった方が、てっとりばやいのだ。

この地方では、ヤクの隊商という古典的輸送法がいまもミラレパの時代と同じように現役で活躍している。

昼すぎに岩のごろごろする悪路にさしかかり、荷馬車で娘を送りにきたパーサンの父は村へ引き返すことになった。これから数か月は親子は再会できないはずなのに、チベット人はこんなとき、じめじめした感情をあまり出さない。

尼もここからは歩きとなるが、なんたって土地の娘だ。脚はぼくなどよりずっと強い。

ぼくたちは、荒れ野をひたすら歩く。

ガラン、ゴロン、ガラン、ゴロン。

カウベルならぬヤクベルの音が、呪文のように響く。

男のひとりは、ヤクを追いながらずっと口笛を吹いている。何度も何度も繰りかえしされる、これといったメロディーにはなりきらない風のような音。

歩くということ以外、自分には何もない。頭のなかは空洞だ。

午後、丘陵をひとつ越え、ゆるやかな谷に出た。

昼前に吹き始めた南風が、かなり強くなっていた。南はヒマラヤ山脈の方角なので、そちらから吹き降してくる風は冷たい。とくに谷は風の通り道となるので、ぼくたちは風壁に立ち向かうことを余儀なくされる。

夕方まで谷を溯り、その晩は川原で一泊することになった。何人かがテントを張っているあいだ、ぼくは若い男たちとともにヤク糞を集める仕事にまわる。

川には氷が張っていた。人間はかろうじてその上を歩けるが、ヤクが踏みこむと、厚さ数センチの氷がバリバリ音を立てて割れる。

ぼくは、川原のそこここに落ちた直径二十センチほどの円盤状の糞を求めて、宝探しでもするように歩きまわる。糞が宝になるとは妙な話だけれど、これこそリサイクルの原点。汚いという感じは、いまの自分にはまったくない。

テントに戻ると、待望の火が起こされていた。側面をくりぬいた石油缶のようなものに、水をたっぷり入れた大鍋が載せられる。集めた糞はよく乾いており、燃料としては上々だ。家畜の糞でも、山羊や羊のものは小さすぎて集めるのが大変だし、燃やすにも空気を入れるのが難しい。ヤクの糞は平たくて大きく、しかも草の繊維を多く含んでいるので使いやすい。

ぼくは、ギャルツェンに促されて彼の隣に座る場所を与えられた。上座というのはすこし気がひけるけれど、ここは客としての待遇をありがたく受けることにする。

男のひとりが、ときおり革のフイゴを折り畳むように操って、火をあおる。煙くてしきりに涙がでる。

一日歩きつづけて知らぬ間にずいぶん汗をかいたようで、バター茶がうまい。体がこの土地に適応するとともに、味覚も変わってきている。必要なものをうまいと感じるのが、本来の人間の体というものだ。

喉をうるおしたあとで、ぼくたちは、発酵した麦ペーストとツァンパを煮たどろどろの粥を食べる。男たちは、腰からナイフをぬき、羊の干し肉を裂いて口へ運ぶ。

男のひとりが、唐突に訊いてくる。

「日本の一円は、中国の何元だ?」

また金の話か、と思いながらぼくは答える。

「だいたい十円が一元だよ」

「そうか……。そりゃすごいな」

男は、十と一との取引とは、いったいどちらの経済力が強いのか思いめぐらしていたようだ。

その話題をめぐって、男たちの間で議論が起こる。隊長のギャルツェンが解説し、一同を納得させる。

その晩は、村から持参したチャンも出され、テントはにぎやかとなった。日中は決して笑顔など見せる男ではないギャルツェンも、酒がはいるといきおい上機嫌になり、しきりにジョークを飛ばして皆を笑わせる。その大半はぼくには理解できず、ただつられて笑っていたにすぎないが、ひとつだけ分かるものがあった。

「キェラーン・アチャー・マンボヨーレ（あなた、彼女、たくさんいます）」

というやつである。

一妻多夫の婚姻習慣は、チベット人の間でいまでもときどき見られる。ただし、ある村のすべての世帯がそうというわけではなく、何か事情があったときにそうなるにすぎない。夫の側は兄弟と決まっている。ラサなどの都会で見かけたことはないから、おそらく貧しい地方の分家するだけの財産がない家で、ときおりそういうケースがでてくるのだと思われる。

チベット人は、その慣習をネパール人や中国人にからかわれ、最近では外人旅行者にも好奇心をよせられるのか、かなりのコンプレックスをもっているらしい。男女関係と貧乏とを同時にからかわれることは、屈辱以外のなにものでもない。ギャルツェンは、その鬱屈した感情を〝性的に節操がない〟というウワサの外人（つまりぼく）に向けてウサをはらしているのだ。

しかも標準チベット語でていねいに言うところが、彼らにはおかしくてたまらないらしい。この台詞《せりふ》は男たちにひどくうけがよく、その晩、こっちは耳にタコができるほど繰り返し聞かされ、閉口させられた。

「あなた、彼女、たくさんいます。ヒャッハッハッ！」

なんだかバカにされている気がしてくるが、やつらは実際バカにしているのだ！

すっかり酔っぱらって笑いころげるギャルツェンは、三つ編みの長い髪をおさげにしている。

ぼくには、それがオヤジと娘を足して二で割った奇怪な存在に見え、そっちのほうがよっぽどおかしかった。

□

翌日の昼、ぼくたちは標高四千八百ほどの峠を越えた。残雪はなかったが、この登りでぼくは男たちから大きく遅れをとった。下りはなんとか食いついていけても、つらいのはやはり登りだ。

禿げ山の斜面についた小道を、一歩一歩踏みしめる。ぼくはなんとか追いつこうと懸命なのだが、距離はひらいていくばかり。酸素が薄いので心臓が激しく鼓動をうち、息がきれる。ときどき立ちどまって、息を整える。

日中の太陽は、あまりにも強烈だ。暑さというより、光そのものに直射されつづけることがいたたまれない。樹木など一本もないこの荒れ野で、太陽から逃れるすべはない。

男たちとヤクの姿は、もう点のようにしか見えなくなってしまった。ヤクベルの音もここまではとどかない。

そして、最後の点が山の端に消えた。

峠を越えて数時間で、広い谷間に出た。ティンリ方面へ流れるラ川《チュ》の上流だ。ティンリからまっすぐ南へ来ていれば一日で到達する地点へ、ぼくは大きく迂回して二日半でたどり着いたのだ。対岸には、車も走れそうななだらかな路がついている。

川原に出たところで男たちが待っていた。

「やっと来たな」

「あんたたちには、とてもついてけないよ」

ぼくは、もう歩けないと大袈裟なジェスチャーをして彼らを笑わせる。

南風が強くなっていた。ぼくたちは昼食の準備にかかるが、なかなか火が起きない。牧民《ドクパ》が使う石積みの家畜囲いのなかで石の竈《かまど》を作り、風上を荷物で風防し、やっとのことで湯を沸かす。食後、彼らが雑談しているあいだ、ぼくはひとり横になってしばらく昼寝する。

昨晩の睡眠不足がたたっている。


午後は、ところどころ凍結したラチュの右岸を溯った。ずっと強風の壁にたち向かうことになり、体力の消耗はハンパではない。

向かい風に体をあずけ、チョー・オユーの雪峰に向かってひたすら前進する。

それは、川床からかなり上がった崖道を歩いているときだった。ヤクにくくりつけてある荷のひとつがほどけ、落ちた。と見るや、荷物はほぼ絶壁にちかい急斜面を転げ落ちていく。

「おおーッ！」

ぼくは、目を疑った。落ちた荷物はひとつだけだというのに、それがよりによって自分のものなのだ。細長いバックパックは、翻弄されるおもちゃのように斜面をころころと転がり、岩の角にあたって大きくジャンプ、斜面に接触してザザザと数メートルすべり、勢いをえてまた転がる。こうなっては、もう止まらない。

川は、小道から七十メートルほど下だ。

ぼくは、荷物を追って路肩を踏みだそうかと思った。食料から寝袋、フィルムまで、そこにはカメラ以外のすべてがはいっているのだ。それが水浸しになっては、今回の旅はパーになり、また一から出直さなければならない。

だが、その急斜面は、どう考えても自分が降りられるものではない。ぼくは、固唾《かたず》を飲んで思いとどまるしかなかった。

そのときだった。ぼくのわきでそれを睨んでいたドルジェが、いきなり路肩を蹴って斜面に飛び出した。

——危ない！

しかし、ドルジェは、このような場所を幼少のころから遊び場として育ってきた男だ。ぼくなどには、たとえゆっくり注意深く歩いても降りられないような崖を、この男は獣のように駆け降りていく。

結果を言えば、ドルジェは間にあわなかった。ぼくの荷物は川原まで落ちた勢いでそのまま水につかってしまった。幸い川は浅く、バックパックは頭陀袋にくるんでおいたので、寝袋が水浸しとなるという最悪の事態は免れた。

それまで、ぼくはドルジェという男をどちらかというと怠惰な男とみなしていた。しかし、その勇気を見て、見方を大きく変えなければならなかった。ふだんはのらりくらりとしていても、ここぞというときには勇気を奮い起こす。

勇気という言葉は、日本では死語となってしまったもののひとつだ。

荷物をすくいあげたドルジェは、やがてぼくたちと合流した。ぼくと目があっても、詫びたりはしない。

対岸の路なりに集落が見えてきた。チベット側最後の村キェタク（標高四六六〇m）だ。

ふと、村の下手にケバケバしい色づかいのテントがいくつもあるのが目にはいった。ティンリで聞いていた登山隊のものだろう。ゴアテックスの防寒ジャケットを着こんだスイス人たちが、短波ラジオに耳を傾けている姿が目に浮かんでくる。

ぼくが気がかりだったのは、一番下流にある綿布のチベット式テントだ。そこには、登山隊つきの役人がいる可能性があるからだ。

事実、そのテント前に、ジープが一台とまっている。

ここからテントまでの距離は、二キロくらい。人が動けば目にとまるが、細部までは識別できない。彼らが、こちらに無関心でいてくれるといいのだが。ひまつぶしに双眼鏡など覗かれたりすると面倒だ。

この広大な谷間では、景色は三十分ほど歩いてもほとんど変わることがない。見られているかも知れないというかすかな不安は、ずっとぼくの右の頬に張りついたままだ。隊商の男たちは、とくに気にとめてはいない。

いまから思えば、テントのチベット人たちは、どうせ賭けごとでもしながらチャンでも飲んでいたことだろう。彼らは、対岸を通りかかる地元の隊商などにいちいち注意を払うほどまめではない。

日は西に傾き、ぼくはもうへとへとに疲れ切っていた。

——こいつら、まだ歩くつもりかな……。

男たちにしてみれば、翌日の峠越えのリスクを最小限にするため、今日のうちにできるだけ距離をかせいでおきたい。それがぼくには読める。

数人の牧民とすれ違う。ギャルツェンはしばらく彼らと立ち話し、家畜囲いをひと晩借りる交渉をした。結局、金額で折り合いがつかず、もの別れに終わった。地元の者同士でも人間関係は厳しい。

もう日没が近い。ぼくたちもそろそろテントを張らなければならない。

対岸の登山隊のテントがぼくたちのほぼ正面になり、次第に距離をあけていったころ、ようやくギャルツェンが言った。

「ここで一泊しよう」

今夜は冷えそうなので、ぼくたちはテントの外まわりは石で重しをし、内まわりも風がはいらぬよう隅を荷物でかためて、氷点下の夜に備えた。

「ここからロンシャルのチュワル・ゴンパまで、一日の距離だ」

ギャルツェンは、そう言った。明日、ぼくは彼らと袂を分かち、ひとりで峠越えする。

「いっしょにナムチェまで行くか？」

彼はそう冗談めかして言ったが、目を見ると半分は本気である。

ぼくは、自分が隊商の一員であると錯覚してしまうくらい、彼らに親しみを覚えはじめていた。彼らも、ぼくを仲間とみなしてくれている。このまま彼らといっしょにナムチェ・バザールへ行くことを、誰かが咎めだてしているわけではない。だが、ナムチェに着いたところでネパールの警察にあっけなく逮捕されることは、彼らよりもむしろぼくの方がよく分かっている。

「いっしょに水汲みにいきましょう」

尼が声をかけてきた。正直のところ、ぼくはその仕事がおっくうだった。彼女は、この時点でぼくに水汲みをさせておけば暗くなってからしなくてすむと見越し、気をきかせてくれたのだ。あとでギャルツェンが一同に水汲みを頼んだとき、彼女はすかさず、

「日本《リーピン》（いつの間にかぼくの名前になってしまった）は、さっき汲んできたわよ」

と助け舟を出してくれるのだ。

尼とぼくは、残雪の融けた部分を探して鍋を沈め、滲み出てくる砂まじりの水をすくう。手がかじかんで、うまく鍋がつかめない。

隣にしゃがんだ彼女が言った。

「あなた、やっぱり峠越えはやめたほうがいいわよ」

「なぜ?」

「あの人たちはああ言ってるけど、ほんとはチュワル・ゴンパへは一日じゃ行かない」

「……」

「それに、山の高いところはまだ雪がいっぱい積もってるから、引き返したほうがいいわ」

男たちが「行ける行ける、ワケない」とけしかけることに、彼女は釘をさしたかったようだ。

「いったんティンリまで戻って、ニェラムから行けば」

「いや、こっちから行くよ」

彼女は、しきりにテントの方をちらちら伺っている。

——やっぱり女だな。

ぼくは、そのときはそう思い、彼女の助言にはとりあわなかった。だが、あとから思えば、ヒマラヤ山中の寺に棲む彼女はかなり冷静に山を見ていたのだ。明日ロンシャルへ越える峠はそれほどではないものの、ロンシャルからラプチへの峠は結局越えることができず、迂回を余儀なくされることになる。

明るいうちにドルジェをつかまえ、明朝のコースを確認しておく。

「あそこから斜面を登って、雪山の麓まで行くんだ」

「どの山のことだい？」

ぼくは、地面に小石で山の稜線を描いて説明を求めるが、地図という概念のない彼には、平面に描かれた線は何のことか理解できない。

苛だったドルジェは、自分の拳を山になぞらえ、それを指先で辿る。

「ここをこういうふうにはいって、こっちに行くんだ」

「え？　どっちだよ」

「こっちだ」

その晩はチャンも尽きていたし、明日に峠越えをひかえていたので、ぼくたちは晩飯を終えると早い時間に横になった。テント内には床を覆うシートはなく、露出した地面はこちこちに凍結している。そのうえでじかに寝るには、ぼくの夏用の寝袋は薄すぎる。ところが、彼らにはその薄さが分からず、「あのきれいな布団は、さぞあったかいだろうな」などとうらやましがっているのだから困る。

毛布についてパーサンに言っておくのをすっかり忘れていた。男たちは、誰も余分な毛布など持ちあわせていない。ぼくに好意的だった尼も、このときばかりは冷たくつきはなしてくる。

これは危険だ。そう、ぼくは判断した。で、隣に寝ることになった男にかなり強引に頼みこんで毛皮の切れ端をひとつだけ貸してもらい、地面に敷くことにする。

もっている服のすべてを身につけ、決意するように寝袋にはいる。

体をエビのように丸めて厳寒に耐えつつ、ひたすら遠い夜明けを待った。薄いダウンと毛皮一枚の下には、マイナス何十度とも知れぬ凍土がある。さしずめ〝氷のうえの生エビ〟といったところ。風がおさまっていたのが、唯一の救いだ。

夜更けに小便に立つと、空はウソみたいな満天の星。冷たい月の光が、鋭く切りたったチョー・オユーの雪峰を闇に浮かびあがらせていた。

寒さに震えながら目にする風景は、ぞっとするほど美しい。

——生きて帰らなければ……。

ぼくは、自分にそう言い聞かせた。

テントへ戻って、また横になる。何時間かおきに寝袋から顔を出し、煙穴の向こうの夜空を覗く。それが何度目かになったとき、すこし明るくなったような気がした。ぼくは、一睡もできないまま朝をむかえたのだ。

やがて、塊《かたまり》のひとつがむくっと起きあがった。

ミラレパ物語III

帰郷

岩屋に籠ったミラレパは、ふだん眠ることはなかった。ところが、その朝はどういうわけかまどろんだのだった。彼は、故郷キャンガツァの夢を見た。実家は荒れ果て、畑には雑草が生い茂っていた。母は死に、妹のペタは乞食に落ちぶれて流浪していた。目覚めると、涙で枕がぐっしょり濡れていた。ミラレパは、母に会いたい気持ちを押さえきれなくなった。

岩屋を壊して出てきたミラレパを見て、師のマルパは驚いた。しかし、ミラレパが夢について話すと、ことの次第を了解した。

「おまえが故郷へ帰りたいというのなら、それを許そう。ただし、わしらがこの生涯で会うことはもうないだろう」

マルパはミラレパに最後の秘伝を授け、その数日後、涙をこらえられないダクメマとともに彼を見送った。

故郷でミラレパを待ち受けていた光景は、まさしく夢の通りだった。実家は廃墟と化し、部屋のなかにまで雑草が生い茂っていた。土間に砕けた白い骨がころがっているのを見たとき、彼はそれが母のものであることを疑わなかった。

ミラレパは母の骨のうえで瞑想に入り、父母の魂を輪廻の苦しみから解放した。そして、七日ののち瞑想を解いた。

――死や低い境涯の苦しみについて考えぬ者には、人生における五感の快楽はそれで十分かもしれない。しかし、わたしにとってはそれらのすべてが瞑想へと促すのだ。

ミラレパは裏山へ行き、洞穴に籠った。

あるとき、彼は牧草地へ食べ物を乞いに行った。テントのひとつに声をかけると、それはよりによって伯母のテントだった。伯母はミラレパの姿を見るや怒り狂い、犬をけしかけ、テントの柱を手にしてどなりつけた。

「この父親の面汚し！　村をだいなしにした悪魔！　何しに来た！」

ミラレパは後ずさりしたが、腹がへり体が衰弱していたので、石につまずいて水たまりに倒れてしまった。伯母は、さらに呪いの言葉を浴びせつづけた。

別のときに乞いに行った家では、ミラレパは今度は伯父と出くわした。

「おまえこそ、おれが会いたいと思っていたやつだ」

伯父は、そう言って、生ける屍《しかばね》のようなミラレパに石を投げつけた。ミラレパが逃げると、弓矢をもちだして叫んだ。

「おい、みんな！　おれたちの敵をつかまえたぞ。出てこい！」

伯父は、ミラレパに矢を放った。出てきた男たちもまた石を投げつけたが、ミラレパの黒魔術が恐ろしくなってきて、しまいには伯父をとり押さえて許しを乞うのだった。

かつて許婚《いいなずけ》だったゼーセが、ミラレパが村へ来たことを聞きおよび、食べ物やチャンを携えて訪ねてきた。ミラレパに会うやいなや、ゼーセはその痩せた体をかき抱いて泣き崩れた。

「なぜいままで結婚しなかったのですか？」

そうミラレパがたずねると、ゼーセは答えた。

「あなたの守護神を恐れて誰もわたしと結婚しようとはしませんでした。それに、もし誰かがプロポーズしたとしても、わたしは断ったことでしょう」

ゼーセは、残された家と畑をどうするつもりかとミラレパに尋ねた。

「もし妹に再会したら彼女に与え、妹が死んでいたならあなたが使ってください」

「あなたはいらないのですか？」

「行者のわたしは、ネズミや鳥のようにして食べ物を探すので、畑は必要ありません。棲み処《か》は洞穴ですから、家もいりません。たとえ全世界の主だったとしても、死ぬときにはすべてを諦めなければなりません。いますべてを放棄するなら、この世でも来世でも幸福を授かるでしょう」

「わたしは、あなたのような修行者を見たことがありません。あなたの生活は乞食よりも劣って見えます」

ミラレパは、自分の従う教えは大乗仏教のなかでも最も優れた教えであり、この生涯で解脱《ニルヴァーナ》を得るために八つの世間的欲望を捨て去るものなのだと諭した。そして、ゼーセにも仏法《ダルマ》を修行することを勧め、それができないなら家に帰り、自分の家と畑を使うようにと言った。

「わたしはあなたの家も畑もいりませんので、妹さんにあげてください。ダルマを修行したいとは思いますが、わたしにはあなたのような道をとることはできません」

そう言い残し、ゼーセは去っていった。


ミラレパが家や畑を使わないことを知った伯母は、自分が手に入れられるのではないかと考えた。彼女はミラレパの棲む洞穴へ出向き、先日の非礼を詫びた。そして、これから食べ物を持ってくることにするので畑を使わせてくれるように頼み、黒魔術を使わない誓いもとりつけた。

後日、ふたたび麦粉や服などをもってきた伯母は、こう忠告した。

「村人たちがあなたを殺そうとしているので、ここを立ち去った方がいいです」

ミラレパは、村人が決してそんなことを言ってはいないことを見抜いていた。しかし、彼にとって、忍耐は解脱を得るための最善の方法である。自分が探求の道にはいったのは、もとをただせば伯父と伯母のおかげだ。彼はそう考え、家と畑は伯母に譲ることにした。

「あなたは真の誠実な修行者です。殊勝なことです」

伯母はそう言い、満足げに立ち去っていった。

この一件でミラレパはひどい悲しみに襲われたが、その一方で、家と畑を処分したできて気が楽になった。


マルパのもとで教えを伝授されたミラレパが、里帰りする。聖者がここで振り出しに戻ってし

まうとは、何だか情けない気もしないではない。だが、ここにこそ『伝記』の魅力がある。彼自身は黒魔術の罪を浄化されたとはいえ、それがもたらした惨禍は、もう元どおりにはならない。母は死に、殺戮《さつりく》をまぬかれた伯父や伯母は彼に呪いをもち続けている。妹やゼーセとの関係にもまだ片がついていない。

その一方で、ミラレパにはもう家のしがらみへ舞い戻るつもりはない。悟りとは、ある意味では俗世間からキレる分裂症としての側面をもっている。世間的な現実を否定することから出発しているのだから、当然のなりゆきだ。だが、その分裂を押し進めれば孤立化への道を辿り、しまいには雪男になってしまうだろう。

おそらく宗教的な人間には、かいま見た世界と現実との分裂に悩まされる時期が来る。いまミラレパは、俗なるもののなかで新たな試練を受けている。

ミラレパは瞑想のための努力をたゆみなく続けたが、至福の体験をすこしも得ることができなかった。彼は、キャンガツァを離れ山奥に向かう決心をした。

タカルタソの山中で居心地のよい洞穴を見つけ、ミラレパはそこに落ち着くことにした。瞑想用に堅い筵《むしろ》を敷き、こう誓いをたてた。

——啓示を得るまでは、たとえ飢死しようとも、人里へは降りない。

ミラレパは、瞑想を続けた。体は衰弱し、すさまじい寒さに苛まれた。少しずつ食べた食料が四年で尽きると、別の洞穴に移り、付近に生えたイラクサを食べて生きのびた。身につけるものは僅かで栄養も不足していたので、体は灰色の毛に覆われた骸骨のようになり、イラクサばかり食べていたために、肌が緑色になってしまった。

二年が過ぎたころ、もっていた服はみな使い物にならなくなった。彼は、伯母が畑の代価として与えた毛皮を敷いてその上に座り、毛皮の端を持ち上げて下半身を覆い、上半身には空になった麦粉の袋をあてがって寒さをしのいだ。

さらに一年ほどたったある日、狩人たちが洞穴のあたりまで迷いこんできた。先頭にいた男は、ミラレパの姿が目にとまると叫んだ。

「幽霊だ！」

その後ろの者は、逃げた。

「こんなまっ昼間から幽霊がでるはずないじゃないか。よく見てみろ！まだあそこにいるぞ！」

彼らは、恐る恐る洞穴までやってきた。ミラレパは、自分は幽霊ではなく山で瞑想する行者であり、食べ物が不足したためにこのような姿になったのだと告げた。男たちは、自分の目で確かめようと洞穴へはいってきたが、イラクサのほかに何も見つけることはできなかった。

「そのような苦行を修められるとは驚くべきことです。どうかわたしどもが殺した獲物の魂を救い、罪を洗い落としてください」

彼らはそう言い、ミラレパに肉などの食料を施して立ち去っていった。

人間の食べ物を食べられることをミラレパは喜んだ。実際、それを食べてみると体力は回復し、感覚は鋭くなり、修行に身がはいるようになった。

肉は倹約して使ったが、しまいにはウジがわいてしまった。ミラレパはウジを取り除いて食べようとしたが、それではウジから食べ物を奪うことになる。そう思いなおし、肉はウジにまかせイラクサの食事に戻った。

毎年行われる大祭の日、乞食に落ちぶれた妹のペタがキャンガツァにやってきた。彼女は、狩人たちがミラレパの詩を歌っているのを耳にした。

「そのような詩を歌われるのは、まさしく仏さまでございましょう」

ペタがそう言うと、狩人のひとりがひやかした。

「こいつは、自分の兄貴を褒《ほ》めてるぜ」

「わたしの父母はずっと前に亡くなり、兄はどこかで放浪していて会うこともできません。わたしは、そんな浮かれ騒ぎに加わりたくはありません」

そう言ってペタが泣いているところに、ちょうどゼーセが通りかかった。

「あなたのお兄さんは、生きています。わたしは前に会ったことがあるのです。タカルタソへ行って確かめてきてはどうでしょう」

ペタは、家々の戸口をまわって食べ物やチャンを乞い集め、タカルタソへ向かった。洞穴の入り口で骸骨のような姿を見たとき、彼女はそれが自分の兄だとは信じられなかった。

「あなたは、人ですか？　幽霊ですか？」

「わたしはトパガーだ」

兄の声を聞いたペタは、なかにはいって彼を抱きしめた。

「お兄さん！」

ペタはそう叫ぶや、気を失ってしまった。ふたたび意識をとり戻すと、彼女は言った。

「お母さんは、あなたにとても会いたがって悲しみのうちに死にました。わたしはすべての望みを失い、よその土地で乞食になりました。そして、この兄さんを見てください！　わたしたちほどみじめな人間は、この世にいないでしょう」

ミラレパは妹を諭し詩を歌ったが、彼女を安心させることはできなかった。


その数日後、今度はゼーセとペタがいっしょに洞穴を訪ねてきた。ミラレパは全裸だったので彼女たちは顔を赤らめ、みじめさを思って泣いた。そして、持参した食べ物やチャンをすすめた。

ペタが言った。

「これでは、誰もあなたを人とは呼べません。施しを求めて、少しずつ人間の食べ物を食べてください。わたしは服を作るための布をもってきましょう」

ゼーセも口をそろえて同じことを言った。するとミラレパはこう答えた。

「自分がいつ死ぬか分からないのだから、わたしには食べ物を乞う欲も時間もない。もし風邪で死んだとしても、それは信仰のためなのだから後悔の念は少しもない」

そして、ミラレパは次の詩を歌った。

死は人に知られず

死体は禿鷲の餌にもならず
もし孤独のなかでかく死ぬなら
この行者の目的は成就する

これを聞くと、ゼーセが言った。

「あなたがしていることは、いま歌ったことと一致しています。驚くべきことです」

つづけてペタが言った。

「お兄さんが何と言おうと、わたしにはそんな窮乏は見ていられません。もし死なないでいてくれたら、わたしが布をもって来ますからね」

そして、彼女たちは去っていった。


彼女たちが持ってきたごちそうを食べると、快楽の感覚が戻ってしまい、ミラレパは瞑想ができなくなった。彼にとって瞑想ができないという以上の障害はない。そこで、ミラレパは、以前マルパに授けられたとっておきの巻物の封を切る決心をした。

そこには、障害を克服するための指示などが記され、よい食べ物をとるようにとアドバイスされていた。

ミラレパは、これまで修めてきた忍耐がかえって創造力を奪い、貧しい食事がエネルギーをそいでいたことに気づいた。ペタとゼーセのもたらした食べ物やチャンが、彼の神経を刺激した。ミラレパは、巻物の指示に従い瞑想を深めた。そして、障害を克服したところで、驚くべき啓示を得た。

不完全さと思われていたものは、実はそれ自体で完全なものであり、分別心さえもが法身の現れとして理解されるようになった。

彼は、輪廻と解脱は相互依存しているのだということを悟った。意識の源はそのどちらにも属さず、邪見に惑わされればサンサーラ（輪廻）に陥り、覚醒に導かれればニルヴァーナ（解脱）に至る。そして、サンサーラとニルヴァーナは空のなかにある。

彼は、その秘密の教えがすべての感覚的な体験を精神的な成就へと変容させるものであることを知った。

この啓示はこれまでの瞑想がたどり着いた帰結であり、食べ物とラマの深い指示によってもたらされたものだとミラレパは思った。彼は、ペタとゼーセに感謝し、次の詩を歌った。

大地の肥沃さと
青い空のもたらす雨
このふたつは
すべてを益するために交わる
そしてこの交わりは
聖なるダルマのなかにある

ミラレパは、昼のあいだは意のままに変身し、空中を飛び、奇跡を起こすことができた。

夜になれば夢のなかで、宇宙の果てから果てまで探索できた。自分を無数の分身に変容させてブッダの王国で教えを聞き、無数の生きものにダルマを授けた。

ある日、ミラレパは空を飛んでいてランダという村を通りかかった。畑を耕していた子供が彼を見つけて叫んだ。

「父さん、あれ見て！ 人が飛んでる！」

ミラレパは、空を飛んでいるところを見られてしまった以上、ここに長居しては俗世間に引き戻されると思った。彼は、チュワルに行って瞑想することにした。

ミラレパは、ここで大きなターニングポイントを迎えた。

ミラレパの生涯は、彼自身の努力という以上に、彼をとりまく人間関係の力学がもたらしたものだ。マルパとの出会いはそのなかで最も重要なものだが、そこへミラレパをおいやった惨劇も、実は聖なるものの一部だった。

彼は、人生の要所要所で女性のエネルギーに動かされてきた。黒魔術に追いやった母、ミラレパに慈愛を注ぎつづけたマルパの妻ダクメマ。そして、ここで登場するペタとゼーセが、ミラレパが啓示を得るのにとりわけ大きな役割を担っている。

このシーンは、ミラレパの伝記のなかでも最も美しい場面だ。単独者としてありながらも、それが俗なる人間関係のなかに位置を占めたとき、ミラレパは初めてほんとうの聖者となる。俗なるものを離れて聖なるものはなく、そのふたつがひとつの動きとして見られ、それ全体が空として自覚される。

最後に空を飛ぶという尾ひれがつくのは、ミラレパが後世チベットのスーパーマンとして伝説化されていった経緯を物語るものだろう。ぼくたちはここで、『伝記』の包容力が、実はそれを語り継いだ人々に多くを負っていることに気づく。それを読んでいるぼくたちのなかに、ミラレパはいるのだ。

（つづく）

第四章　峠越え

ぼくは、隊長のギャルツェンと堅い握手をかわした。

しきりにすすめられるバター茶を固辞すると、ギャルツェンが言った。

「そうか……。ゆっくりお行きなさい」

「そちらもごゆっくり」

どちらにとっても今日は峠越えなので、その挨拶は儀礼ばかりではない。男たちの笑顔の底には一抹の不安が読みとれ、それが彼らにしてみればあまりに無鉄砲すぎるぼくの安否に対するものであることは分かっていた。

「行けそうもなかったら、戻ってくるよ」

ここ数日、繊細な気配りで面倒みてくれた尼さんには、ダライ・ラマの写真と人民幣を少しだけお布施しておく。

西の峰々が、朝日をうけて輝いている。氷点下の大気は急速に暖まりつつある。

凍結したラ川《チュ》を急ぎ足で渡る。浅い残雪をザクザク踏んで歩く。自分の吐息が、白い。対岸に着くと、ティンリからの路に出た。

下流の登山隊の連中は、まだ目覚めていないようだ。ぼくがもしティンリからこちらへまっすぐに来ていたら、あの地点で追いかえされていた。結果的に、チベット人たちと同行してきたのは正解だったと思う。

ラチュの広い谷間からそれ、ロンシャルへ通ずる峠道にはいる。

その朝ぼくが先を急いだのには、ふたつの理由がある。

第一に、その日は標高五千メートルあまりの峠越えがあり、夕暮れまでにその向こうの、せめて寒さをしのげる地点まで降りなければならない。もし民家が一軒もなければ野宿でいい。しかし、そんな行きあたりばったりな自分にも、何の装備もなく雪山で夜を過ごすことが凍死を意味するぐらいは分かっている。

もうひとつは、登山隊に同行しているかもしれない役人と出くわすのを、極力避けたかったのだ。昨日の夕べ、馬に乗った男を対岸に見ていたことが気がかりだった。この不安は、ひとりで雪の峠を越えるというハードな状況によって増幅され、自分は見知らぬ何者かに追われているのではないかという一種の被害妄想にふくれあがっていくことになる。

岐路を峠方向へとってほどなく、残雪が行く手を塞いだ。雪面に轍《わだち》はない。つまり、冬場は車の通行ができないということだ。そんな時期に峠を見張る意味はあまりない。このことに思いあたり、ほっとする。馬かヤクと思われる足跡があるが、いつのものかは分からない。

道を教えてくれたドルジェの拳を思い浮かべる。

――あいつ、たしかこっちって言ってたっけ。

昨日より足どりが重いのは、三日ぶりに背負う荷物が肩にずっしり食いこむからだ。それでなくとも、この希薄な酸素ではずんずん登れるものではない。

ときどき道端の岩にもたれ、ハァーッ、ハァーッと全身で息をつく。

あたりは、野ウサギ一匹見かけない鉱物世界だ。岩と瓦礫、雪、氷。そして、これ以上深くなりようのない空。

薄茶色の禿げ山の向こうに、純白の雪峰がまぶしく輝いている。

テントを発って二時間ほどで、広い窪地に出た。標高がもう少し低ければ集落をつくるのに最適な場所だが、無人のままがらんと広がっているばかりだ。

小さな丘のうえに、夏のあいだ牧民《ドクパ》が使うと思われる石積みの囲いを見つけた。覗いてみると、最近家畜がいた跡はない。

朝からずっと、休みをとるのは最小限にこらえ急ぎ足できたが、ここまで辿りついて、はじめて一息つくことができる。もし後ろから登山隊がこちらへ向かっているとしても、ここから南へ道をとるに違いなく、ぼくはここで西へ折れるからである。

丘の上に座り、深い青空へ聳えたつチョー・オユーを眺める。万年雪に覆われた鋭いピークを、白い雲がゆっくりとよぎっていく。

いまごろ商隊《キャラバン》の男たちは、荷造りを終えてあの谷の奥へ歩きはじめているだろう。チョー・オユーの肩にあたるナンパ峠《ラ》と思われるあたりは、一面深い雪に覆われている。あの連中は、本気であんな峠を越えようというのか。たとえ人間には歩けても、蹄の面積が小さいヤクにはちょっと無理な気がする。

ギャルツェンやドルジェの真剣な表情が目に浮かぶ。

――どうか、あいつらは無事に峠を越えられますよう。

狭い谷道にはいり、峠を目指す。次第に雪が斜面全体を覆ってくる。ここからは、注意深くコースを読んで進まなければならない。道が見えないとなれば、これまでチベットを旅した経験をもとに、カンにたよる以外ない。山並のうねりかたと斜面の勾配を見て、チベット人ならばどのように道をとるか見当をつける。

ところどころに見える地肌が、雪のなかの島に見える。ひとつの島から雪のなかを泳ぐようにして別の島へと辿りつき、しばらく立ちどまって次に進む方向を検討する。

――よし、今度はあっちだ。

固い雪で足がすべり、ズサッと転倒。クソッ！

心臓破りの急坂が次第になだらかになる。ぼくは、お椀を伏せたかたちの山のかなり上まで来ているのだ。

風が強くなってきたことも、峠の近さを示している。

雪に覆われた平原の向こうにタルチョ（祈りの旗）が見えてきたとき、ぼくは難関を突破したことを知った。

ポゼ峠《ラ》に着いて手元の簡易高度計を見ると、五千二百。ここは、ミラレパの愛弟子レーチュンが、師の臨終に駆けつけるときに通ったとされる峠だ。ひと休みしたいところだが、あたりは雪ばかりで、タルチョをブルブル震わせているこの強風のなかでは、茶を沸かすこともままならない。周囲をざっと見まわしただけで、先へ行くことにする。

峠を境に風景は一変した。行く先に見えるのは、チベットのゆるやかな山々とは性質の異なる、鋭く切り立った岩山。

ヒマラヤ山中にはいったのだ。

積雪はさほど問題にならなかった。このあたりは、インド平原からヒマラヤ山脈が隆起したその最北の地であり、行く手の谷底からは比較的あたたかい風が吹きあげてくる。

ロンシャル川《チュ》に沿ってしばらく下ったところで、ふたたび露出した地肌に小道を発見する。それを辿って一時間ほど歩くと、雪渓となる。左手には、凍結した川の向こうに雪をいただいた鋭い岩山が聳えている。

そのとき、氷の下から流水の音が聞こえた。

――やった！　水だ！

ここまでたどり着いて、やっと落ち着いて食事をとる余裕ができる。あせりもあったのか、気づいてみれば、すきっ腹でずいぶん歩いてきてしまった。万一ひとが通った場合にそなえ、道から死角となった岩陰を選んで荷物を下ろす。石を拾って氷を割り、水をすくう。ストーブで湯を沸かし、ツァンパを練る。

風はだいぶおさまっていた。強い陽光を浴び体がポカポカ暖まってくると、急に眠気が襲ってくる。ふた晩つづけて、寒さのためほとんど一睡もしていなかった。

草地に横になり、しばらく昼寝する。

ふと、枕元で甲高い声がした。顔から帽子をあげて見ると、自分から二メートルほどの岩に、黒い鳥がいる。黄色い嘴以外は、頭から尾まで漆黒。カラスよりもずっと清楚な黒である。この鳥は、以前、ガンジス川源流のヒマラヤ山中を旅したときにしばしば見かけていたので、ぼくにとっては〝ヒマラヤの象徴〟だ。自分の再訪を歓迎してくれている気がして、うれしくなる。

その鳥にもツァンパを分けてやる。

ぼくは、その日のうちに峠から高度を千メートルほど下った。ずっと谷沿いの一本道だ。凍りついた川は、清らかなせせらぎへ、濁流へと変わった。雪は次第にまばらとなり、数時間のうちに川原から姿を消した。感動的だったのは、はじめは岩場を這っていた針葉樹の灌木が、高度を下げるにつれ赤子のように立ち上がり、徐々に背丈を伸ばし、やがてまっすぐに天へ佇立する樹木となったことだ。

爬虫類が人類へ進化するさまを見る心地がした。

山肌が徐々に緑を深めてくる。チベット入りして以来、森というものを目にしなくなって久しいだけに、鼻をつく緑の匂いに、命の蘇るここちがする。自分ではチベット高原の風土に適応したつもりでいたが、体のどこかでずっと耐えていたことに気づく。

――帰ってきたんだ。

異郷にはいったというのに、なぜかそう感じてしまう。

ぼくは、植物の精気を胸いっぱいに吸いこむ。ここまで来れば、もうどこで寝ても少なくとも凍死する心配はない。

チベット高原では、人の生活は〝谷〟にあった。麦耕作のできる肥沃な土地は谷間に限られるし、たとえ牧民であっても、水は谷でしか得られないからである。このことが、ヒマラヤ山中にはいり、山々が険しさを増すとともにさらに際立ってきた。つまり、こちらでは人の生活圏は〝谷底〟に限られるのだ。

だから、ぼくは山にはいってきたというより、深い谷に降りてきた感じがした。

ヒマラヤというと、多くの人は雪山登山を連想するだろう。しかし、それはあくまで登山隊のすることで、山びとたちの生活には本来かかわりのないことだ。ヒマラヤの民は、必要に迫られて峠越えをすることはあっても、決して登山などしない。これは、漁師がマリン・スポーツをしないのと同じである。

この地方には、谷底に耕せる土地と家畜を放牧できる草地がわずかながらあり、山びとはそれに依存して生きている。峠のこちら側までチベット圏が及んでいるのは、ここの環境が農業と放牧の二本立ての生活に適しているためだ。チベット人を特徴づけるのは、農業では麦、放牧ではヤクである。とりわけ、ヤクこそがチベット人のトレードマークだ。

ちなみに、これから訪れる地方ではヤクと牛を交配したゾーと呼ばれる家畜がよく見られるが、このことがこの土地の風土を象徴している。

もともと遊牧民的傾向の強かったチベット人は、ヤクを家畜化することで広大なチベット高原へ移り住み、その余波が峠のこちらまであふれてきた。しかし、一度高地に適応したチベット人は、あまり低い場所へは降りなかった。ヒマラヤ山中でチベット人が住むのは、だいたい標高三千メートル以上の場所で（亡命するようになってからは話は別）、それより低い森林地帯にはネパール人が住んでいる。もっとも、ネパールの山岳民族のなかにもチベット系は多いが、混血がすすみ、生活習慣も高原のチベット人とは異質である。

チベット人は、基本的に森の住人ではない。すくなくとも高原のチベット人にとって、森は異郷だ。この地方がチベットの聖域となったのは、まずこのあたりに理由がありそうだ。

これまで長らくチベットを旅してきたぼくには、その感覚が肌で分かる。ただ、森を懐かしく感じてしまうのは、自分が日本に生まれ育ったからだろう。

森は、ぼくとチベット、ぼくとミラレパとの接点かもしれない。

さらに下ったところで、道端に白い綿布のテントが見えてきた。今朝、隊商と別れてから、はじめて出くわす人だ。テントのそばに繋がれたヤクが、地面の短い草を食んでいる。

ぼくは、どう接すべきか歩きながら思案したすえ、声をかけることに決める。

テントの入り口からなかを覗きこむと、チベット人の男がひとり座っていた。

「タシデレ（こんにちは）」

男は無言でうなずくが、その顔に浮かんでいるのは、あきらかな猜疑。

「どちらから？」

「ティンリだ。そっちは？」

「同じです。ティンリから」

――なに？　おまえがおれと同郷のはずないだろ。

男の表情はそう語っている。

「どこ行くんだ？」

「ロンシャル」

「ここはロンシャルだぞ」

「ロンシャルからラプチへ。あんたは？」

「あっちだ」

男はあごをしゃくって下流を指す。ぼくとはあまり深くかかわりたくないことが見てとれる。

「一人なのかい？」

男は、そう訊いてくる。

「そう。あんたは？」

「二人。もう一人はいま向こうに行ってるが、じき帰ってくる」

仲間がいると言っておくのも、うがってみれば、ぼくに対する警戒心の現れかもしれない。

峠付近で見かけた足跡は、どうやら彼のものだったようだ。ここは、深入りせずに通過しておこう。

「じゃ、また」

そう言って、ぼくは先を行くことにする。男にしてみれば、この突然現れたぼくというやつは、いったい何者だったろう？　そう思って、ひとり苦笑する。


夕方、道の両側に畑の開けた場所に出た。村はない。この地方の村人は、夏用の畑をもっているようだ。

畑のところどころに、石積みの家畜小屋がいくつかある。そろそろ日暮れも近いので、今晩の寝場所として拝借できるかどうか見てまわる。どの小屋も、無人。屋内は石をよけただけの土間で、一面に羊の糞が散乱している。戸がついていないのが難点だが、一夜の宿としては申し分ない。

どれに泊まろうかと小屋から小屋へと物色しているとき、ふと上手の畑で、男が一人こちらを見ていることに気づいた。春に先だって、様子を見に来たものか。

視線に、どことなく鋭いものを感じる。

ぼくは軽く会釈し、ここも通りすぎることにする。男に頼めば、たぶん小屋のひとつを貸してくれただろうが、戸のない小屋で夜を明かし、しかも誰かがぼくの居場所を知っているのは物騒だ。

その少し先で、今度は反対方向からきた年配の夫婦と出くわした。ふたことみこと口をきいてから、人がよさそうに思い、

「あなたの家に一泊させてもらえませんか？」

と、率直に頼むと、あっさり断られてしまう。

「金は出すけど」

そう、ひと押しすると、

「そうかい……。なら、いまは仕事があるのであとで来な」

と態度が変わるが、その心は「とりあえずちょっと考えさせてもらう」といったところ。

ぼくは、ここでも何か気がひけるものを感じ、

「じゃあ、あとで行きます」

と言っておくが、その家が下流のいったいどこにあるのか知らないで言っているのだ。

ぼくが過去に旅してきたのは、どこもよそ者がまったく訪れない場所ではなかった。村人にそっけなくされることはたびたびあっても、ここまで疑いの目で見られたことはない。彼らはぼくを、たぶん秘密裏に越境する亡命者か、何かよからぬ企てをもった犯罪者とみなしていたに違いない。

ぼくはぼくで、自分に関する噂がさきに中国側検問に達するという事態はどうしても避けなければならない。だから、いまの段階ではなるべく不必要な村人との接触はしたくない。

この先に村があることは分かっていたが、やはり今晩は洞穴を探して一泊するのが無難だろう。そうぼくは判断し、川沿いの一本道を下りながら、右手の斜面に洞穴を探しながら歩く。

谷の夕暮れは早い。暗くなるまえに、場所を決めて晩メシを食っておかないと……。

洞穴をいくつかあたったすえ、人間ひとりが横たわるに手頃なものを見つけるが、道から近すぎる。

――もうすこし先へ行ってみよう。

そんなとき、ふと左手の川原にマニ石の堆積があった。チベット文字で、妙法蓮華をたたえる六字真言〝オーム・マニ・ペメ・フーム〟が彫られている。彫り口がかなり風化している。数百年、あるいは千年くらい昔のものかもしれない。赤子の頭大の丸石ばかりが集められ、これまでチベット高原で見てきたマニ石とはあきらかに違う。

この奥まった谷に生まれ死んでいった者たちの祈り、連綿とつづく魂の群れが、化石となってうずたかく堆積しているかのようだ。ぼくは、土地の人々が魂をこめたその石の群れに接して、自分が昨日までとは異なるヒマラヤ山中のチベット圏にはいったことを実感する。

結局、その晩一泊することになったのは、川沿いの小道から斜面を三十メートルほどあがった絶壁となった。

その崖っぷちの高みに、修行に使われる泥塗りの岩屋があるのを見つけたのだ。世間との接触を断つためか、小窓がずいぶん小さくあけられている。すこし崖をよじ登ったところで立ち止まり、大声をかけるが、応答はない。滑りやすい急斜面を四つん這いで登り、岩屋の床に開けられた人間一人がやっと通れる穴をくぐる。

最近人の棲んでいた気配はない。

なかは六畳ほどの小部屋。というより、半分は洞穴である。中央に白く塗られた高さ三メートルほどの仏塔《チョルテン》があり、ここが村人にとって特別の意味をもつ聖なる場所であることが見てとれる。だが、宗教の禁じられた文革以降は手つかずのままなようだ。チョルテンの一部が崩れ、盗掘された形跡がある。暗がりに白く浮きあがったその物体は、どこかしら不気味でさえある。

場所の位置からして、ここはミラレパがある時期に棲んだ言い伝えのある〝ルマゾゾ〟と呼ばれる洞穴だろう。ミラレパの許婚《いいなずけ》だったゼーセが、隠遁した聖者と面会に訪れた場所である。フィアンセの関係が、挫折を経てより高次元のパートナーシップへ変わっていった話は、『ミラレパの伝記』の骨格だ。聖者を蔭でささえたゼーセの存在は、せつなく、そして気高い。ぼくは、ついにロンシャルへはいることができた。その第一夜をミラレパゆかりの洞穴に泊まれるとは、幸先のよい出だしだ。

由緒ある洞穴に勝手に泊まらせてもらう畏れも含め、ぼくはチベット式にチョルテンのまわりを回り、その前で五体投地しておく。

人の往来に注意しながら川まで降りて水を汲み、洞穴で火を起こして食事する。

吹き抜けの小窓から夕暮れの谷を眺めているとき、下の道を籠を背負った村の女が二人通ったが、ぼくが上にいることにはまったく気づかなかった。

あたりが暗くなるやいなや、横になる。

風はなく、虫の声ひとつしない夜。自分が寝返りをうつときだけ、ガサガサ異様に大きな音がたつ。

闇は、恐ろしい静けさにつつまれている。

ミラレパ物語Ⅳ

臨終

ミラレパは、その後半生を静寂な山奥で過ごした。彼はヒマラヤ近辺を根城に、ネパールの聖地も遍歴したといわれるが、『伝記』に列挙された聖地のうち、次の四つはミラレパのフィールドを象徴する四大聖地と言っていい。

ニャナムのトパプグ（胃の洞穴）

ラプチのドゥドゥルプグ（悪魔を調伏した洞穴）
チュワルのディチェプグ（雌ヤクの舌の洞穴）
カイラス山のヅトゥルプグ（奇跡の洞穴）

このうちカイラス山は西チベットにあるが、他の三つはこれからぼくの訪れる地方にある。『伝記』の他の部分から察するに、晩年のミラレパの山奥の拠点は、ロンシャルの谷にあるチュワルとティン、そして、もうひとつの谷にあるラプチだったと思われる。ニャナム（標準チベット語ではニェラム）は、ぼくが輸送トラックを降りたティンリから、さらにネパール方向へ中尼公路を約一五〇キロ走った地点にあり、ミラレパの当時もそれほど山奥ではなかったはずだ。そこは、ティンリと並んでミラレパの里の拠点だったようだ。

ミラレパが山奥に隠棲していた時期のエピソードは、あとで詩を紹介するときに触れることにし、いまは臨終をめぐる物語に進もう。この章ではミラレパはジェツン（尊者）と呼ばれ、いままでの話とは別の資料をもとにしていることを伺わせる。

＊　　＊

その頃、ティンの村にゲシェ（大学者）のツァプワという金持ちのラマが棲んでいた。この男は、はじめジェツンに敬意を装っていたが、次第にその威光への嫉妬に狂わされ、いつしか彼を公衆の面前でやりこめてやりたいと思うようになっていた。

ある日、ジェツンが婚礼の宴に主賓として招かれたときのこと。ツァプワは彼に礼をとったが、ジェツンは自分のラマ以外に礼はとらない慣わしだったので、答礼しなかった。すると、ツァプワはこう一人ごちた。

「何ということだ！　わしほど博学なラマがあんな無知の馬鹿者に敬意を表したというのに、何も返されないとは！」

そこでツァプワは、仏教論理学の書物を差し出してこう言った。

「尊者よ。どうかこの書物を逐語的に説明し、わたしの疑念を晴らしてくださいますよう」

ジェツンは答えた。

「あなたは、この書物の意味についてはよくご存じでしょう。しかし、そのほんとうの意味は、八つの世間的な行為やエゴを放棄することで見いだされるものです。それはさておき、机上の議論はダルマの実修をしないなら、まったく無意味です」

そして、ジェツンは即興で詩を歌った。

秘伝の教えを瞑想してきて
論理学の書物は忘れてしまった
ひとりあることに喜びを味わって
ひとを喜ばすことは忘れてしまった
自分の体内に僧院を造って
外の僧院は忘れてしまった

言葉よりも心に帰依して
言葉をもてあそぶ仕方は忘れてしまった

それを聞いた人々はジェツンを賛嘆したので、ツァプワの狙いは完全に裏目に出てしまった。

屈辱を覚えたツァプワは、陰謀をはかった。彼は、自分の妾《めかけ》を大きなトルコ石を見せて口説いたうえで、毒入りのヨーグルトをジェツンが棲んでいる洞穴へもっていかせたのだ。

ジェツンは、主要な弟子たちをすでに啓発しおえ、毒をとらずとも死期が迫っていることを予知していた。また、自分が毒を飲むまえに女がトルコ石が与えられなければ、彼女は決してそれを手にいれられないことを見抜いていたので、こう言った。

「いまはそれを飲まない。あとでまた持ってくれば、そのときに飲もう」

彼女はジェツンが透視力を持っているのだと思い、恐る恐るツァプワのもとへ帰った。ツァプワは彼女の恐れをうち砕き、トルコ石を渡して、もし首尾よく成し遂げたら結婚して自分のものすべてを共有しようともちかけた。

それを信じた彼女がふたたび毒入りのヨーグルトをもっていくと、ジェツンは微笑んで器を受けとった。やはり透視力などないのだと彼女は安心したが、

「おまえは、このことの見返りにトルコ石を受け取ったか？」

と、ジェツンが尋ねると、すっかり怖じけずいてしまった。彼女はひれ伏し、涙声で答えた。

「はい、受け取りました。ですが、どうかその飲み物はわたしに返してください」

自らの罪を恥じた彼女は、毒入りのヨーグルトを自分で飲もうと思ったのだ。

しかし、ジェツンは器を返さなかった。

「もしそうしたら、修行者の誓願にそむくばかりか、重大な結果を招くことになる。自分にはすでに死期が迫っているのだから、その飲みものは何もそこないはしないのだ」

ジェツンはそう言うと、毒入りのヨーグルトを飲んだ。

ゲシェのツァプワが偽善者の象徴として出てくるのは面白い。ゲシェ（大学者）などという制度そのものが揶揄されているかのようだ。

ミラレパが、欲深いツァプワの陰謀で、しかも騙された哀れな妾のために毒を飲む場面は、磔刑にされたイエス、法による処刑を受け入れたソクラテスなどを想起させる。聖者や賢者とされる人たちがときとして不条理な死を迎えるのは、彼らが個を越えたもののために生きるからだろうか。そのなかで、ミラレパの場合は最も慈悲の深さを感じさせる。

ミラレパには、生涯、敵がつきまとう。敵のいることはこの世の現実であり、問題はそれにどう対処するかということだろう。ミラレパには、相手の〝悪のエネルギー〟を吸収し、それを〝善のエネルギー〟に変容させる力があった。その結果、ミラレパを憎んでいた敵はしまいには彼に帰依することになる。

死期を悟ったジェツンは、彼を慕う者たちへ自分に会いにくるようにと告げた。それで、ティンリやニャナムなどからたくさんの人々がチュワルに集まってきた。ジェツンは幾日にもわたって説法し、詩を歌った。

ひとを導くふりをする者は
自分自身のゆくえは知らぬまま
自分やひとを傷つける
あなたがほんとうに苦悩を避けたいなら
ひとへのあらゆる悪意を避けなさい

純化へのたえまない努力をしなさい
無知を追い払い、功徳を積みなさい
そうすれば、ダルマを愛する神々が耳を傾けにやってくる
さらに自分自身のなかに
至高至聖の法《ダルマカーヤ》身を見るだろう
輪廻《サンサーラ》と解脱《ニルヴァーナ》についての真実を見いだすだろう
そして業《カルマ》から自由になるだろう

ジェツンがこのように歌うと、そこに集った人々のうちに発願《ほつがん》を起こさぬ者は誰ひとりなかった。ニャナムやティンリから来た人々が、自分たちの場所を訪れてほしいと懇願すると、

ジェツンは言った。

「わたしは年老いているから、ニャナムにもティンリにも行かない。ティンやチュワルのあたりで死を待とう」

それから数日して、ジェツンは病の症状を見せはじめた。弟子のひとりが、回復のための儀式をとりおこなおうとすると、ジェツンは言った。

「隠者にとって、病気というものは精神修養への導きである。隠者はどんな儀式もすることなく、あらゆる経験や逆境を崇高なものへと変容させ、病気や死そのものとさえ立ち向かうことができなければならない」

ジェツンは、続けて説法した。

「輪廻の性質は、このようなものだ。集めた富は散らばり、建てた家は壊れ、交わった者は別れ、生まれたものは死ななければならない。人は自分のした行為に苦しむことは避けられぬのだから、世俗の目的を放棄し、集めたり建てたり交わったりすることを避けなければならない。最もよい方法は、解放されたラマの導きで究極の真理を悟ることである」

また、ほかの弟子たちが彼に秘伝にもとづく儀式をほどこし、薬を呑ませ、長寿のための祈禱《きとう》などをさせてもらえるように再度頼むと、ジェツンは言った。

「わたしはひとり山にあって、不自由な生きもののために最高の儀式をたえまなくしてきた。だから、それ以外の儀式は必要ない。

あなたに逆境を好ましいものに変える力がなく、まだこの世を去るときが来ていないのならば、障害を乗り越えるために治療をほどこすことは誤りではない。しかし、ゴータマ・ブッダでさえ時が来れば入滅した。わたしにも時が来たのだから、治療はいらないのである」

そして、死後どうすべきかという質問には、こう諭した。

「わたしの像を作ったり、仏塔《チョルテン》を建てたりせぬように。わたしは寺は持っていないから、宗教団体などはない」

ジェツンが次第に重い症状を見せはじめたころ、ツァプワが肉と酒《チャン》を携え、お見舞いの振りをしてやってきた。しかし、そんな彼も、ここでジェツンの超人的な力を見せつけられるに及び、ついに自らの罪を恥じ、泣きながら師の足元にひれ伏して許しを乞うた。

ジェツンは喜んで言った。

「あなたのすべての苦しみが、わたしに移されて変容されますように」

「隠者が里で死ぬことは、王があばら家で死ぬようなものだ。これからわたしはチュワルへ行こう」

ジェツンはそう言って、チュワルのディチェの洞穴に行き、ますます病の症状をあらわにした。彼はここで、自分が使った身のまわりの品々を、遺品として弟子たちに分配した。

ひとりあることで、友を見いだそう
低くあることで、高い目標に至ろう

ジェツンはそう歌ってから、付け加えた。

「わたしの命はもう長くない。わたしの言うことを聞いたからには、そのようにしなさい」

そして、ジェツンは深い瞑想にはいった。乙卯《きのとう》の年（西暦一一三六年）十二月十四日の暁、八十四の齢《よわい》でジェツンは入滅した。

ジェツンの遺体は、弟子たちによって火葬された。薪に火がつけれたとき、五人のダーキニー（女神）が現れ、このように歌ったという。

師は究極の真理を悟られた
遺体を賛美することに
いったい何の要があろう

『ミラレパの伝記』では、このあとに、ミラレパへの賛美と彼が死後に起こした奇跡についての記述がつづく。死んでから奇跡が起こり美化が始まるのもキリスト教に通じる点で興味深いが、冗長なので略す。

ミラレパはいまではカギュ派の聖者とされているが、彼自身は派閥というものに属してはいなかった。ミラレパにしろブッダにしろキリストにしろ、彼らには新しい宗教を創始しようというつもりは毛頭なく、聖者をカリスマとするのは後の人間のすることだ。ミラレパ本人は何かを祀りあげて信仰する類いの宗教からは最も遠いところにいた。

ただし、なぜ聖者というものが生まれるのかと言えば、必ずしも本人の意志だけではなく、それはかならず聖者信仰に基づいて出現する。つまり、聖者信仰をもつ者たちが待ち受けているところに聖者が出るとも言えるかもしれない。

これは、ニワトリと卵だ。

おそらく、聖者とは女王蜂のようなものだろう。女王蜂はそれ自身だけであるのではなく、無数の働き蜂がいることによってはじめて成り立つ。聖者を祀りあげる信仰と単独者の精神性とはセットの関係にある。

仏教圏には、現在も王制をとっている国が多い。仏教とは聖なる領域での王制なのかもしれない。


（おわり）

第五章　検問

翌朝、洞穴を発ってほどなく、峠のこちら側はじめての集落ダツァンが見えてきた。神経が過敏に反応する。

まぶしい白塗りの壁は、チベット人の村だ。

村はずれに馬に乗った男が見える。いましがた民家のひとつから出てきて、これから下流に向かうところらしい。役人かもしれない。むこうはぼくの存在に気づかない。この時期に峠を越えてくる人間がいようとは、思ってもみないだろう。

村の前で若者六、七人とすれ違ったあと、その一人が大声をあげた。

「おーい。何だか妙なやつがきたぞ！」

言葉は聞きとれないが、そんな意味のことを言ったのは確かだ。

ふつうならここでぞくぞく村人が集まってきて、その一人の家へお茶に呼ばれるのが自然なりゆきだ。だが、ぼくは、ここでひっかかりたくはない。あえて笑みは漏らさず、足早に通

り過ぎる。

馬に乗った男は、まだ前方百メートルほどの地点に見えている。ぼくはしばらく立ちどまり、男が下流に消えるのを待つ。追いついてしまわぬよう、しばらくペースを落として歩く。

ずっと谷間の一本道だというのに、村人の往来はほとんどない。

道端のところどころに、樹皮を削られた丸太が胸くらいの高さに積まれていた。峠が開いてからチベット高原へ輸送されるものだろうか。

しかし、なぜか人がいない。無人の作業場が、どういうわけか不安をかきたてる。

腹がへったので、道端の茂みをかきわけ、死角となった川原で食事する。

それから数時間して、反対方向から来た数人の男たちと出くわした。彼らは、遠くからぼくの姿に気づき、歩きながら何かぼくについて話しをしているのが分かる。

それは、二十メートルほどの距離まで近づいたときだった。ぼくは、男のひとりが、何と腰の短刀を抜き、背中に隠すのを見てしまったのだ！

全身に鳥肌がたった。まさか山賊ではあるまいが、何かことがあれば切りつける覚悟でいることに、疑いの余地はない。チベット人はたいてい刃渡り三十センチほどの短刀を携えているが、それを自分を対象にして抜かれたのはもちろん初めてだ。

あまりにとっさのことで、逃げようという気持ちは起こらなかった。男たちの目を見ると、とくに血走ってはいない。ここは正念場だ。

一歩一歩進むごとに、距離は確実に縮まってくる。

――こっちは、あんたたちを攻撃するつもりは毛頭ないぞ。

そうアピールするように、あえて無防備でいく。ほどよい間隔となったところで、自分にできる精一杯の笑顔で、

「タシデレ」

すると、先方のこわばった表情がやわらいでくれた。

彼らとすれ違ったあと、ぼくは、これまでの人生で何番目かに大きなため息をついた。

いまから思えば、たぶんあのときは、自分よりもむしろ彼らのほうが警戒していたのだ。この地方はかつては文革の最前線で、中国軍とチベット人ゲリラとの間で激しい戦闘がなされたはずだ。奇妙なよそ者が、とりあえず疑いの目で見られてしまってもいたしかたない。

その日の午後、民家風でない、つまり政府のものと思われるトタン屋根が前方に見えてきた。ぼくは、ふたたび緊張する。建て物の前をはや足で通るが、予想に反して役人の姿はない。チベット人の婆さんが日なたで編みものなどしていて、拍子抜けする。視線をそらしたまま通りすぎる。

この地方が紛争地帯だったのは、過去の話だ。いまはもう軍が駐屯する必要などないのだろう。ぼくは、そう思ってすっかり安心してしまう。

だから、〝本物〟が現れたときは、あせった。

遠くから、こんな山奥には場違いでしかないパラボナ・アンテナを発見したのである。軍事

用であることは間違いない。

ぼくは、その手前三十メートルほどの地点で立ちどまり、道端によりかかって思案した。検問の手前には木橋がかかっていて、対岸へ小道が続いている。ぼくとしては、もちろんそちらから迂回できるものならそうしたい。藪をかき分けてでもしばらく下流へ行き、建て物を対岸にやり過ごしてから、ふたたびこちら岸に渡るのだ。

しかし、川はとうてい徒渉できない激流だ。それに、対岸の道の地面のかたまり具合を見るに、それはどう考えても村人が山仕事にいく道で、下流への本道だとは思えない。だいたい、検問の対岸に別の道があっては、意味がないじゃないか。

かといって、このまままっすぐ行けば、必然的に役所の敷地を通ることになる。

こちら岸の山腹を見あげ、迂回できないか調べる。あまりに切りたっていて無理だ。

――どうしよう……。

たいていの問題は、煮詰めれば何らかの解決の糸口が見えてくるものだ。たとえいちかばちかでも、とりあえず決めた方をやってみようという気になる。しかし、このときの二者択一は、解決の可能性はひとつしかないにもかかわらず、どうにも気がすすまないのだ。

建て物のそばには、このあたりでは珍しい赤い花をつけた大木があり、いまはちょうど満開。緑のなかに浮かびあがった鮮やかな赤が幻想的だ。

結局、ぼくは自分では決断を下せなかった。そちらへ行くことになったのは、そのとき敷地に人影が現れたからである。もし、むこうがぼくの姿に気づいたとき逃げ腰だったら、疑われめるだけだ。こうなった以上、堂々とそちらに向かうしかない。ぼくは、腹をくって歩きはじめる。

男は、水場で洗いものをしているところだった。

ぼくは、目があった男と、なるたけ明るく挨拶をかわす。相手は、ぼくに同調するようにさりげない態度を装っているが、内心あわてているのが分かる。

――突然現れたこの男、いったい何者だ？

男は、たぶん腹のなかでそう思いつつ、問いかけてくる。

「どちらから？」

ぼくは、ここはすべてを正直に答えたほうがよいと判断する。

「日本から来ました」

「ほう、日本からね……」

男が、その言葉をどこまで信じているのか分からない。続けてぼくは、このような場合最も自然と思われる質問をする。

「今夜泊まるところはありませんか？」

すると、その男は、意外にも「ある」と答えたのである。

「こちらへどうぞ」

男は、ぼくを敷地の奥へと誘う。ぼくは、黙ってついていく。男の答えがその場しのぎだったことは、そのあわてた後ろ姿に書いてある。

ここは軍の駐屯地のような所らしく、兵舎と思われる平屋の建て物に、部屋が二十ほど。ざっと百人くらいは兵士を収容できる規模である。部屋のほとんどが無人で、中庭はがらんとして人声は聞こえない。いまここに寝起きしているのは、多くても十人に満たないだろう。

ぼくは、奥まった部屋のひとつに案内された。なかには、役人と思われるこわばった顔つきの男が一人。彼はぼくに椅子をすすめ、中国式に煙草を差し出してくる。ここは、恐縮するよりも堂々と振る舞うのが自然だ。遠慮なく一本とって吸う。

「どちらから来た？」

役人の男が、あらためて訊いてきた。このとき、ぼくは、相手がチベット人と見て中国語は使わず、あえてチベット語で通すことにした。チベット人の役人は流暢な中国語を話せるのがふつうだが、ぼくはあくまで男のチベット人の部分に訴える方が得策と判断したのだ。

「日本からです。ラサからティンリ経由で来ました」

ラサという言葉を混ぜておくのは、あなたのお役所のある場所からきたのだという意味あいを込めている。

「どうやって？」

「歩いてです」

男の頬が、ピクッと反応。

「何日かかった？」

「ティンリから四日」

「昨晩はどこに泊まった？」

「むこうの洞穴です」

「これからどこへ行く？」

「チュワル・ゴンパ。そこからラプチを通ってニェラムへ行きます」

ネパールに抜けるつもりはないことはアピールしておく必要があった。

ここで、ぼくは、話をそらす意図もあって間の抜けた質問をする。

「あなたは、どちらから？」

「ラサだよ」

ぶっきらぼうな答えがかえってくる。

チベット人の部屋がたいていそうであるように、壁に大きな額縁あり、ラサの写真館で撮ったと思われる記念写真や、どこかの役所で同僚たちが肩を組み笑っている写真などがベタベタ張ってある。

しかし、ふつうこんな額縁のなかにあってしかるべき〝あの顔〟がない。つまり、ダライ・ラマ。もちろん、ここは中国政府の役人の部屋なのだから当然だけれど、その空白がぼくを妙に不安にさせる。

「あれは、ラサで撮ったものですね」

「そうだよ」

相手の表情はかたいが、ぼくに敵意をもっている様子はない。

「ちょっとここで待っていなさい」

男は、そう言って部屋を出、しばらくしてもう一人の役人を連れてきた。この男もぼくの姿を目にした瞬間、ギョッとする。

ここから、本格的な尋問となる。

「君は、この地域にはいるには、特別の許可証が必要なことは知ってるね」

「はい」

「持ってるのかい?」

「もちろん」

もちろん、そんなものがあるわけはない。ぼくは、パスポートを真顔で差し出す。

男の片方がそれを取り、ビザのページを一枚一枚めくる。許可証がそこに押されるものでないことを、彼らが知らぬはずはない。

顔色を伺うが、無表情。

「わたしは、これからラプチを通って、ニェラムに行くんです。ネパールに抜けるつもりはありません」

この点は、強く主張しておかなければならない。だが、これといった反応はない。

男は、パスポートを返してくる。

「何の目的で?」

「ネーコル(巡礼)です」

チベット人である彼らの心に、〝ネーコル〟という言葉がどこまで響いてくれるものか。ぼくの首には、チベットの数珠やイミテーションの縞瑪瑙《しまめのう》、ツルブ寺のカルマパから賜った赤い紐、そして商隊といっしょにシャールン村を発つとき掛けてもらったカタがかかっていて、それなりに巡礼風の装いである。

「荷物の中身を見せなさい」

いよいよ来たな、と思う。

ぼくは、その要求には抵抗しないことにする。無駄口は避け、相手に判断をゆだねるのが賢明だ。

「こっちの鞄は、カメラです」

カメラ・バッグは、相手に開けさせる。見たいなら、自分で手にとって見ればいい。案の定、ふたりとも珍しい〝最新精密機械〟のメカニズムに興味を見せ、ファインダーを覗いたりする。

「こうやってレンズを動かすんですよ」

ぼくは、ズーム・レンズの動かし方を教えてやる。

「ほほう……」

男は、もう片方の男をファインダーのなかに見つけ、ニヤッとする。このとき厳しい表情が少しだけやわらいだのを、ぼくは見逃さない。

チベット人は、近隣のインド人や中国人よりもつつましく、物欲を恥じる民族だ。それに、地方の役人には、農民革命を起こした毛沢東の初期の志をいまだに持っている者もいる。彼らは、カメラに対するあからさまな興味をなるたけ見せぬように振る舞った。これがぼくにとっては大きく幸いした。

というのは、彼らはここで、カメラ・バッグの底を入念に調べたにもかかわらず、ぼくがそんなところより百倍も気にしていた〝バッグのポケット〟をチェックすることを見落とすのである。そこには、ぼくが村人へのお礼としてあげるダライ・ラマの写真がたくさんはいっている。もしそれが見つかっていたら、〝反革命的扇動〟と判断され、どんな嫌疑を受けてもおかしくない。

――やった！

ぼくは、ひそかにつぶやく。

彼らは次に、バックパックに関心を移す。

「そっちを見せなさい」

こちらにはたいした物ははいっていないので、堂々と見せて全然かまわないのだけれど、ここはいままでと同じように恐る恐る見せておいた方がよい。

「これは服です」

ぼくは、かなり汚れた中国製ダウン・ジャケットを取り出す。

「その下は？」

ここで出てきたものが、この尋問のなかで大きな役割を果たすことになった。ぼくは布袋を出す。

「ツァンパです」

彼らの顔が、一挙になごんだ。

——おい、この外人、ツァンパもってるぜ。

さらにその奥の食料を見せたところで、男のひとりが言う。

「あとは？」

「服と寝袋です」

「そうか。もういい」

彼らの物欲は、冷めた。

「で、泊まる部屋はあるんですか？」

ぼくは、すかさずそちらに話を振る。もちろん、自分はここに泊まるつもりなど毛頭ないし、彼らにもその気がないのは最初から分かっている。

「いや、ここにはあなたの泊まる場所はない」

ぼくは、いかにも残念そうな顔をする。

彼らは、ぼくの処置をめぐってしばらく相談していたが、まァ通過させてもいいだろうと判断した。

そしてぼくは、まったく予想外に、中国側検問を何と出国スタンプなしでパスすることになったのである。いまから考えても、あのとき彼らがいったいなぜぼくを通してくれたのか、本当の理由は不明のままだ。

外国人の喋るかたことのチベット語や、荷物からツァンパが出てきたことが、好感をもたれたのは確かだ。ティンリから徒歩で峠越えしてきた人間をここで追い返すのはあまりに酷だし、昨夜は洞穴に泊まっていたことから見て、この先も一人で行けると判断されたこともあっただろう。だが、もちろんそれだけで通過できたとは、ぼくには思えない。

何よりここが聖地への道だったことが、彼らがぼくを通すよう促したのだ。そう思えてならない。共産主義の洗礼を受けた役人ではあっても、彼らもやはりチベット人であり、屈折した内面のどこかで信仰は生きつづけているはずだ。ぼくがここへ国境偵察ではなく、巡礼に来たことに偽りはない。単純にその気持ちが彼らに通じたのだろう。

役人といった人種はどこの国でも石頭なのが相場だけれど、地方の役人のなかには、まれに自分の裁量でものごとを判断する度量をもった者がいるものだ。ラサから送られてくる指令は、このヒマラヤの大自然のさなかにあって、ときとして滑稽にさえ映るだろう。

一対一で、相手を見て人間を判断すること。それは、本来あたりまえのことだ。

あのとき彼らが、何の見返りも要求せずに懐を貸してくれたことに、ぼくはいまでも感謝している。その気持ちは、裏切りたくない。

「夕方までには、チュワルに着けるよ」

そう言って、彼らはぼくをとき放ってくれた。

ぼくは、晴れ晴れとした気分で部屋を出ていく。

兵舎の先にはチュンモチェの集落が続いていた。家屋の造りは典型的なチベット山岳地帯のものなのに、すれ違った二、三人の男たちは、みなそろって漢人風の服装である。人民公社のなごりだろうか。かつてはこのチベットの奥地でも、寺院の破壊や地主追放などとともに、国営農場が造られ、都市部から多くの青年たちが下放されたはずだ。

ほどなくして、道が急に険しくなった。ここからは馬に乗って行くことさえ容易ではなく、徒歩が最も適している。この手前に検問があったことが納得される。チベットからヒマラヤにかけての地域で最も険しいのは、実は峠ではなく、峠からやや下ったこの先であることを、ぼくはこれから思い知らされることになる。

七、八千メートル級の山々から湧き出た水は、寄り集まって渓流をなす。川と川が合流して夥しい水量となり、深い峡谷をつくる。山が切りたっているうえに、谷は異様に深く、しかも、これから気温が増すにしたがって、植物相は次第にジャングルの様相を帯びていくのである。

この地方が秘境として残されてきた理由は、このあたりにある。チベット高原とは峠で、下流のネパールとは険しい峡谷によって人の容易な通行を阻まれているのだ。

鬱蒼と樹々の生い茂る谷底に、アップダウンの激しい道が、奔流とくっついたり離れたりを繰り返しながらくねくねと続いていた。

途中、若い男が一人うしろから追いついてきた。この地方ではかなり派手な服装をしており、長身である。こんな山奥では二十代の鬱屈を晴らすあてもなく、いつもムラムラしている感じの男だ。

ふたことみこと口をきいたあと、

「一緒に行こうぜ」

と誘ってくるが、ぼくは気がすすまない。はじめての土地では、ふだんより警戒心が強く働いてしまうし、男の人相はどう見てもよくない。

男にふと魔がさし、ぼくを殺して身ぐるみ剝いで川に突き落としたとしても、そのことを一体誰が知ろう?

ぼくが死んだあと、誰かが男に問う。

「途中、外国人を見なかったか?」

「いや」

話はそれで終わりである。

ぼくが宿帳に名を残しているのは、一週間まえのシガツェが最後だ。さきの検問でも登録など何もしていない。自分が日本人であることは、もはや特権ではない。国籍が無意味となった状態には一種の解放感があると同時に、それなりの注意力が要求される。

「ゆっくり行きたいんだ。あんたたち山のひとは、体が強いからね」

ぼくはそう下手に出て、先に行ってもらうことにする。


標高三三〇〇メートルのチュワルに着いたのは、その日の夕暮れだった。

チュワルは、ミラレパ臨終の地である。

人間は、生まれる場所を選ぶことはできない。だが、死ぬ場所はある程度選べる。聖者と呼ばれる人が自分の死を予知するものだとすれば、ミラレパが息を引きとったのは、とっておきの美しい場所に違いない。ぼくにはそんな期待があった。

もう着いてもよさそうなのに、見えてこない。

——あのあたりかな。

そう思ってたどり着くと、まだ先だ。

そんなことを何度も繰り返しているうちにヘトヘトになり、もう歩くこと以外に何もなくなったころ、絶壁に挟まれた谷の奥にゴンパ（チベット寺院）の屋根が見えてきた。

ちょうど、雲間から漏れた光の束がゴンパを劇的に浮かびあがらせていた。

そのときふと懐かしさが込みあげてきたのは、その屋根がいやに日本的なうえに、そこには何と桜が咲いているではないか！　はじめて見る風景なのに、幼いころの遠い記憶へ呼び戻される心地がした。

着いてみると、そこは左手から流れてくる川との合流点だった。Y字の突き出た部分がちいさな半島になり、その丘にゴンパが建てられ、満開をややすぎた桜が二、三本、その前に生えている。

不思議な安堵感に満たされた。

ヒマラヤ山中でも、こんな美しい場所はほんとうに希有だ。ミラレパは、最期に、きっと自分の知りうるなかで最良の地を選んだのだ。

平地が少ないためか、民家は見あたらなかった。あるいは、畏れの感情からあえて集落が造られてこなかったのだろうか。

ただし、ゴンパの手前に、昔は中国軍の施設として使われていたとおぼしきコンクリートの建て物が一軒だけあった。このような聖地にあえてこんなものを造るのが文革の不遜さというものだが、いまはその挫折によって目的を失い、戸も窓ガラスもなくわびしく打ち捨てられている。

部屋のひとつを材木切り出しの作業場にしている夫婦がいた。声をかけてみる。

「ここがチュワル・ゴンパですか」

「そうだよ。どちらから来なさった?」

「日本」

「……」

日本と聞いてもぴんとこない風。

「このあたりに泊まる所はありますか?」

「そっちの部屋に泊まればいいよ」

建て物には部屋が五つほどあり、ふた部屋が材木作業に使われているほかは、何もなくがらんとしている。だが、その殺伐とした広さが寒々しく、ひとりで泊まる気にはなれない。

「洞穴はありますか?」

「あそこにあるさ」

男は、山肌を指さす。

「なら、むこうに泊まることにします。ゴンパには、お坊さんはいますか？」

「誰も住んでない」

不吉な予感がする。

ぼくは、荷物をかついだまま中庭を横切った。

ゴンパは遠目にも荒れ果てているのが分かる。文化期に破壊されたものだろう。その外観は、チベット本土とはすこし異なり、同じヒマラヤ山中のブータンの寺を想起させる。ブータンではカギュ派が国教的地位を得ているから、実際つながりがあるのだろう。さらに、ブータンと日本が本来似かよった文化をもっていたことを考えると、ぼくがこのゴンパに懐かしさを覚えるのはもっともなのだ。

ゴンパは、石を積み重ねた外塀に囲まれていた。正門は閉ざされていたので、まわりを一周してみるが入り口はない。やむを得ず塀をのり越えて境内にはいると、中庭は雑草で覆われ、崩壊した家屋の残骸が、朽ちた柱となって風に晒されていた。

本堂に足を踏みいれると、埃の匂いが鼻をついた。あまりの荒廃ぶりに驚く。床は抜け、壁や梁《はり》の一部は崩れ落ち、仏壇は空洞である。仏や守護尊の像もタンカも、何ひとつ残されていない。

これでは、香港のB級ホラー映画に登場する〝山奥の廃寺〟だ。殺された僧侶たちの亡霊がさ迷い歩くシーンが目に浮かぶ。

薄暗い堂内をすきま風が吹きぬけ、梁にひっかかった埃まみれの布切れがひらひら揺れている。

ぼくは、あてもなくうろうろするばかりだった。

八〇年代半ばから中国領チベットで始まった寺院再興の動きは、まだチュワルへは及んでいなかった。付近の村人は、〝宗教は阿片〟という毛沢東のスローガンに少なくとも表面的には屈する立場に追いこまれたままらしく、ここへ参詣に来る人間はいない。さきほどの夫婦も、自分の仕事場から約三十メートルの廃墟に、もう長いあいだ目もくれていないように見えた。中国軍がこの寺を破壊したのは、もう二十年以上昔のことなのに、時間はそこで凍結し、壊された瞬間に透明になった寺は、村人の目には見えなくなってしまったかのようだ。

唯一の救いは、チベット本土では文革の嵐がゴンパを遺跡に変えてしまうほど徹底したものだったのに対し、チュワル・ゴンパが炎上は免れ、荒れ果てながらも一応のかたちを残していることだ。

あの文革の嵐は、ここで止まったのだ。

ここまで辿りついた解放軍の兵士たちは、この先に続く険しい谷を前に呆然としたことだろう。たぶん、彼らにはもうこの先へすすむ意欲はなかった。

山の斜面の小道を辿ると、こちらにも崩れ落ちた廃屋〝チュワル・ゾン〟があり、その奥に洞穴があった。

ミラレパが臨終した〝ディチェ（雌ヤクの舌）の洞穴〟だ。はいってみると、内壁から幅二メートルほどの平たい岩が突き出しており、洞穴の名がそれに由来することが納得される。以前、行者が棲んでいた形跡があるが、いまは誰もいない。棚や仏壇に使われた材木が、めちゃめちゃに壊されたまま散らばっている。

がらんどうの仏壇前にカタがいくつか掛けられ、いつのものなのか、中国製の焼酎の小瓶が供えられている。

ぼくは、ここに泊まることに決め、荷物を降ろした。

洞穴の近くには、茅《かや》に似た背の高い植物の茎が、タルチョ（祈りの旗）を結ばれてたくさん立てられていた。村人のしたものか、近年訪れた巡礼たちのしたものか分からないが、彼らはゴンパよりもこちらの洞穴を優遇しているようだ。

三十メートルほど下の川原へ、鍋とポリタンクを手に水を汲みにいく。そして、ふたたび急斜面を這いあがっているとき、奥の谷から籠を背負った村の娘たちが四、五人おりてきた。山仕事の帰りだろう。ぼくの姿に気づき、向こうから声をかけてくる。

ぼくは、娘たちに手を振る。彼女たちと親しくできない状況にあるのが残念だ。

夫婦が村へ帰ってしまうと、ぼくは、たったひとりでチュワルに残されることになった。

谷間の夜は、ゾッとするほど暗い。

洞穴で自炊し、川のせせらぎに包まれてひと晩を過ごした。

さきほど見たゴンパの幽霊屋敷のような光景が、脳裏に深く刻まれていた。

ぼくには名所旧跡で感慨にひたるような趣味はあまりないけれど、ミラレパが臨終した場所とあっては、その光景を想わずにはいられなかった。『伝記』の物語は多分にフィクション性を含んでいるとはいえ、臨終した場所くらいは事実とみなしていいだろう。

ミラレパの経た惨劇、呪い。そこからの発心《ほっしん》。マルパのもとでの試練。晩年になって、このヒマラヤの山奥に隠棲したこと。ぼくは、そのストーリーを辿りなおしてみた。

すると、ミラレパが故郷に帰ったときの光景が、さきほどのゴンパとダブッて見えてくる。ここで中国軍のしたことは、間違いなく暴力だった。それは、チベット人の悲劇だ。ぼくは、このことに深く同情する。

けれど、その試練には〝意味〟があるのではないだろうか？

もしここへ文革の波が押し寄せなかったら、ぼくがこんな由緒ある洞穴に泊まることなど、とうてい許されなかっただろう。洞穴はチュワル・ゴンパの管轄下できれいに整備され、入り口の木戸には鍵がかけられていたはずだ。寺の僧に頼んで鍵を開けてもらえば、洞穴のなかには立派なミラレパ像が安置されていて、そのまえにバター・ランプが灯されていただろう。

僧は、内壁の窪みを指さし、

「ごらんなさい。ミラレパ様の足跡《あしあと》です」

などと、神妙な顔で語りかけてきたかもしれない。

しかし、そのような神秘化は、ともすれば〝野生〟を隠蔽《いんぺい》してしまうことなのだ。それは、ミラレパが最も嫌ったことである。

そもそも、ミラレパがこの地方に棲んでいた十一、二世紀、ここには立派なゴンパなどなかったはずだ。死んだのちにゴンパが建てられ、自分の棲んでいた洞穴が神秘化されるようになったことをミラレパは知らない。大規模な寺院は、村人の素朴な信仰とも、山奥で隠棲する行者の精神性とも別次元のものだ。所詮それは人間のつくりものであり、いつかは壊れる宿命にある。

ひょっとするとこの聖地は、文革の破壊を経て、もとあった状態に戻っただけなのかもしれない。

ぼくは、破壊と修復のちょうど中間にあたる空白の時期にここを訪れることで、本来の聖地そのものと対面することができた。だから、たったひとりチュワルで過ごせた希有な機会に対し、感謝しておきたい。

その夜、ディチェの洞穴には、ミラレパがいたころと何ら変わりない深い静寂が訪れた。帰郷したミラレパが実家の廃屋を訪れ、母の骨のうえで瞑想した光景を思い浮かべながら、眠りにつく。

ぼくは、このあともミラレパが棲んだとされる洞穴をいくつも泊まり歩くことになるが、どれもそれぞれ違った美しさをもちながら、峻険なロケーションという点で共通していた。そのなかにあって、ここチュワルは豊かな水と深い緑に恵まれ、最も気候のおだやかな場所である。

とてつもない修行を自らに課したミラレパは、死を目前にしてはじめて自分にやさしさを許した。あるいは、その生涯は苦行そのものだったが、入滅のとき、ヒマラヤの最もやさしい場所が彼をひきとった。そう言えるかもしれない。

翌朝、炊事に使っていた板切れを何げなく裏返したとき、ぼくはそこに古色を帯びたタンカがうっすらと描かれているのを見て、ハッとした。

洞穴を出ると、桃色の薄い花びらが春のうららかな風に舞っていた。

ミラレパの詩Ⅰ

野生の行者

ミラレパにまつわる書物には、『ミラレパの伝記（ミラ・ナムグル）』と並んで『ミラレパの十万歌（ミラ・グルブム）』がある。物語中心の『伝記』に対し、『十万歌』は対話のなかで歌われる詩が主だが、『伝記』を補う物語も含んでいる。とくに隠者となってから晩年に至るまでのミラレパは、『十万歌』でしか知ることができない。対話の相手は、弟子や村人といった人間ばかりか、ときには神々や魑《ち》魅《み》魍魎《もうりょう》、野生動物にまで及ぶ。

詩聖ミラレパの本領が詩にあるとすれば、『十万歌』はミラレパの教えそのものを集成した実践の書と言っていい。『伝記』の聖俗つつみこんだ物語も魅力だけれど、ミラレパの教えを知るうえではやはり『十万歌』が欠かせない。
とはいえ、その雑多なアンソロジーは、やたらと分厚い。
ミラレパの詩は、本来は抑揚をつけて歌われたものらしく、一片の詩は一曲分の長さを持っている。ここではその断片をとりあげながら、ひとり山奥へ隠棲してからのミラレパの一端を垣間見ることにしよう。

*　　*

マルパのもとを辞して帰郷したあと、ミラレパはその後半生を南チベットのヒマラヤ周辺地方で過ごした。ときどき里へ出て食べ物を乞う以外は、たいてい山奥の拠点を転々としながら遊行した。その生活ぶりを伝える断片をとりあげてみる。

わたしはヨーギ・ミラレパ
庵《いおり》から庵へと放浪する
譬えるなら
恐れなく山に棲む野獣のようなもの
心は祝福され、歓びに満たされている（第五九章）

ツァンパと木の根とイラクサ
その三つがわたしの食べ物
あなたがそれで満足なら
わたしについて来るがよい

雪と泉と小川の水
その三つがわたしの飲み物
あなたがそれで満足なら
わたしについて来るがよい（第二六章）

冬の三月《みつき》、わたしは幸せに森に棲み
夏の三月、わたしは心地よく雪山に留まり、
春の三月、わたしは歓んで野原に棲み、
秋の三月、わたしは楽しく托鉢に出かける（第四五章）

降りしきる雪が庵を閉ざし
女神が食べ物や生きる糧をくれ
雪山の水が清らかな飲み水だった
すべては労せずして為され

不要な畑も耕さない
自らの心を見ることで一切が見られ
低い場所に座ることで王座が達成される（第三章）

ミラレパは、大自然の恩恵からインスピレーションを受け、季節によって棲む場所を変えた。彼の庵には、プグとゾンという二種類がある。プグとは洞穴のことで、そのまわりに石を積んだりして住居としたもの。ゾンは〝城〟や〝砦〟を意味する言葉だが、ここではさら地に造られた行者小屋がそう呼ばれている。

ミラレパお気に入りの聖地のひとつに、ダクマル・キュンルン（赤岩の鷲谷）がある。『十万歌』では、〝赤岩の宝珠の谷〟の名で登場する。とくにその谷にある〝ポト・ナムカ・ゾン（歓喜と空の砦）〟近辺の風景は、そこにおける心境とあわせて好んで詩に歌われている。

ここは静寂な菩提《ぼだい》の地
上には神々の棲まう雪山が聳え
その下の遠い村には信心深い施主たちが住む
それを雪化粧した山々が囲む

庵の前には願いをかなえる樹々が生え
その谷間には草花の生い茂る大きな野原がある

麗しく甘い香のする蓮華のまわりに
虫たちがうなり
渓流のほとり
そして池のなかで
鶴たちが首かしげ、その風景に満たされている

樹々の枝では野鳥がさえずり
そよ風が吹けば、しだれ柳がたわむ
樹上では猿が喜々として跳ね
野原では家畜がそこここで草を食む
浮かれた牧民は陽気で憂いなく
愉快な歌うたい、あし笛吹き鳴らす
この世の人々は欲や渇きに身を焦がし、
日々の生活に追われて地上の奴隷となる

輝ける宝珠の岩の頂から
ヨーギのわたしはその光景を眺める
つぶさに見てわたしは知る
それらがはかなく無常であることを

つぶさに考えてわたしは悟る
慰安や快楽が
蜃気楼や水に映る影にすぎぬことを

わたしには
この世は手品や夢のようなもの
わたしの心に
この真実を知らぬ者たちへの
大いなる慈悲が湧きあがる

わたしの食べ物は空《くう》
わたしの瞑想は迷いを越えた禅定《ぜんじょう》

無数の光景や様々な感覚は
すべてわたしの前に現れる
まったく奇妙なのは輪廻の現象
まことに面白いのは三界(注1)の法
ああ、何たる不思議、何たる驚異
空がそれらの本性

しかも一切が現れている（第五章）

注1：欲界（欲望の世界）、色界（欲の対象となる物質の世界）、無色界（物質を越えた世界）

静寂の地でのミラレパの生活は、世間的な欲のすべてを擲《なげう》つものだった。

『伝記』で触れた「忘却の歌」は、『十万歌』では別バージョンが伝えられている。こちらは、シチュエーションがちょっと面白い。訪れた施主たちが、ミラレパが〝男の一物〟をあらわにして座っているのに接し、こう言ったというのだ。

「尊者よ。あなたはわれら世間の者を戸惑わせます。どうか、それを被って下さいますよう」

すると、ミラレパは全裸のまま立ち上がって歌った。

あちこちを放浪してひさしく
自分の故郷は忘れてしまった
聖なるジェツン（注2）と暮らしてひさしく
自分の縁者は忘れてしまった
ブッダの教えに従ってひさしく
世間のことは忘れてしまった

山奥に棲んでひさしく
あらゆる娯楽は忘れてしまった

猿の戯れを見馴れてひさしく
羊や牛は忘れてしまった

火を起こすことに馴れてひさしく
家事のすべては忘れてしまった

召し使いも主もなくひとり棲んでひさしく
礼儀はわすれてしまった

気苦労がなくなってひさしく
世間的な恥は忘れてしまった

去来する心に親しんでひさしく
ものを隠す術は忘れてしまった

内にトゥンモの熱(注3)を起こしてひさしく

衣を身につけることは忘れてしまった

無分別の知恵を修めてひさしく
分別することは忘れてしまった

二即一の輝きを修めてひさしく
無意味な考えは忘れてしまった

これら「十二の忘却」はこのヨーギの教え
いとしい施主たちよ、あなた方は何故この教えに従わないのか
わたしは二元論の結び目は解いてしまった
あなた方の慣わしに従う必要がどこにあろう
わたしにとって知恵とはありのままにあることだ（第五一章）

注2：マルパのこと。
注3：体内に熱を発する身体技法。これによって、ミラレパは厳寒の冬でも裸で過ごすことができた。

世俗のものを徹底して退けるがゆえに、自然と仏教が融合する。お経の学問と僧院生活は仏教の基盤といっていいから、それさえも捨て去ったミラレパは仏教界の異端児だ。いや、それは仏

教の原点に立ち返ることだった。

空《くう》はあらためて学ぶ何かではなく、むしろ不要なものを捨て去ったところに輝いている。

ミラレパは、徹底して虚偽を嫌った。

僧院はうつろな流木のたまり場のようなもの
たとえ僧侶の生活が神聖で純粋だと主張されようと
わたしにはまやかしで幻
わたしはそんな仲間に要はない

わたしは心の安心を大切にし
おしゃべりや悪口は好まない

トゥンモの熱が起きると
毛の衣は不要になる
わたしは煩わしい着物に要はない
うんざりする家事もしたくない

離欲の気持ちが起きると
あらゆるモノに価値はなくなる

わたしは商いには興味なく
金持ちになりたいとも思わない

忍耐と精進が生じると
息子や弟子は重要でなくなる
わたしには集まりや訪問者に要はない
それらは帰依の妨げとなるばかり

核心の教えが修められると
ダルマを説くことは意味がなくなる
それは自尊心をつのらせるばかり
わたしは書物や勉強に要はない

これは「六つのまやかしの歌」
ここに核心の教えがある
よく考えてみて
心にとどめておきなさい（第三二章）

（つづく）

第六章　森の聖地

桜木に別れを告げ、ぼくは、谷間の一本道をさらに下流へ辿った。

午前中は村人とすれ違うことは一度もなく、孤独な山歩きだった。

出会いといえば、谷間のそこここに見かける高山植物の可憐な花々。とりわけ目をひくのは、白や紅のシャクナゲだ。ときには同じひと株に、純白から淡い紅までのグラデーションを見せ、濃い緑のなかで清楚な色気を漂わせている。夏になると、ここロンシャルにはバラが咲き乱れ、谷いっぱいに甘い香りが立ちこめるという。

昼すぎに、トゥプテン村（標高三二〇〇m）に着いた。谷底から百メートルほどあがった高台に木造家屋が五、六十。これだけの規模の村を見るのは、峠のこちらに来て初めてのことだ。何軒かの中庭には夥しい材木が集められている。あとひと月ほどしてポゼ峠《ラ》の雪が融けたころ、村人たちは材木をゾー（ヤクと牛の交配種）の背にくくりつけてチベット本土へ運ぶのだろう。

中国政府がこの土地を手放せないのは、ひとつには豊富な森林資源のためだ。チベットでは材木が極度に不足している。この地方の森林伐採の弊害は、いまのところ東チベットの森林地帯には遠く及ばないものの、いずれ問題が深刻化するはずだ。

子供たちが集まってくるが、とりあわずに先へすすむ。村人のなかにはずいぶんあか抜けた服装の者もいて、カトマンズとの往来を感じさせる。ここは中国領であっても、距離的にはラサよりカトマンズの方が近い。ネパールの自由な空気の方が彼らには魅力的なのに違いない。ヒマラヤの奥地は、ぼくたちが想像するほど隔離された場所ではない。どんな山奥でも、そこに人が住む以上、道があり人の行き来がある。そのうえで、奥地には奥地の意味がある。

峠からずっと辿ってきた谷間の一本道からそれ、急斜面を登った。山肌は、ふたたびまばらな灌木の生えた草地となる。家畜の道が方々へ分かれていて迷うが、どれをとっても上の村に行き着くに違いない。

視界が大きく開けた。再び峠へ舞い戻るかような切りたった岩山が現れ、その裾野に段々畑が広がっている。ティンタン村（三六〇〇m）は、ロンシャルの谷ではチュワルと並んで風光明媚な場所だった。

面白いことに、ここティンタンとさきに通ったトゥプテンは、同じ住人のものだ。つまり、彼らには夏用と冬用と村が二つあるのである。老人や子供の多くは一年を通して下のトゥプテンで暮らし、若い働き手は、夏の大半を畑と牧草のある上のティンタンで過ごす。雪の深い冬場は、村人のほとんどは下の村で過ごす。定住する家とは別に夏用の小屋を設けるのは、ヒマ

ラヤの高地でときどき見られるが、このようにはっきりふたつの村ができているケースは珍しい。

牛に鋤をひかせて畑を耕す老人を横目に、村へはいっていく。とりあえず、今夜泊めてくれる家を探さなければならない。石積みの家屋が軒をつらねる集落の端で、とある一軒を覗いてみる。歳のころ三十くらいのチベット人が、庭仕事をしている。思いきって呼びかけてみる。

「タシデレ」

男は、歩みよってくる。

「今夜、泊めてもらえませんか?」

まったくの初対面だというのに、ぼくがそう頼むと、男はあっさり頷いてくれる。

こうして、ここ数日の居候先がわけなく決まった。ぼくはこれまで、国境地帯の住人の猜疑心には苦労してきたが、ここに来てそれが嘘のように氷解したのは、やはりここが中国側とネパール側双方の検問の間にあるという特殊性によるものだろうか。

ぼくはこの家を拠点に、さらに山奥の聖地を探索することになる。

その家には、男と奥さん、そして子供が四、五人いた。これは夕方になってその男の弟が帰ってきて分かることだが、彼ら兄弟の奥さんは同じ、つまり一妻二夫の夫婦なのだ。もちろん、だからといって特別のものがあるわけではない。彼らにとってはあたりまえの生活があるだけだ。

ぼくは、その家に荷物を置いてから、まず奥さんのツェリン・ダワといっしょに、村長の家を訪れた。ぼくを家へ泊めるには許可が必要だというのである。

「たぶんだいじょぶだけど、いちおうね……」

彼女は、はな垂れ小僧の手を引きながら、ぼくを導いていく。

木戸から初老の男が顔を出した。ぼくは事情を話し、おそらく彼には解読できない〝日本国旅券〟を見せ、

「むこうのお役人さんは、問題ないと言って通してくれました」

と、嘘ではない経緯をさらりと説明すると、

「それだったら言うことはない。ゆっくりしていきなさい」

と、あっけなく許可してくれる。これで一件落着、と思ったのはぼくだけではない。奥さんも、珍しい遠来の客を晴れてもてなせるのがうれしそうだった。

ツェリンは、随所に細かい気配りを見せるたいへん面倒見のよい女性だ。ここまでの行程ですっかり疲れがたまっていたぼくは、彼女のおかげで本当にくつろぐことができた。いま旅をふり返って深く感謝している人物と言えば、誰よりもまず彼女が筆頭にくる。

ここには、あのチベット恒例〝バター茶攻勢〟もない。家に戻ってから、ぼくが何杯目かのバター茶を断ると、彼女は言う。

「ここに置いとくから、喉が渇いたら自分でついでお飲み」

さらには、ぼくの疲労を察して、

「ちょっと昼寝すればいいに」

とすすめてくる。こちらとしては、ひとの家にあがりこんで早々、眠りこけるわけにはいかない。ひとり旅でいちばん気疲れするのは、実は民家に泊まったときで、向こうはきまって珍しい外国人に興味しんしん。まず最初の一時間は質問責めにされ、ぼくの方もある程度のサービスは礼儀とこころえている。

「べつに眠くはないから」

と辞退するが、

「まァ、そう言わずに横になってひと休みしな」

彼女は、もうひと押ししてくれる。

実際、ぼくがそのとき一番必要としていたのは睡眠だった。ぼくは、洞穴の連泊でたまっていた睡眠不足を解消すべく、夕方までぐーッと数時間眠った。

シャールン村のパーサンの実家は典型的な亭主関白だったが、この家の夫婦関係は彼らとはけた違いにもの柔らかだった。旦那さん兄弟のほうも実におっとりした物腰の低い人たちだ。

ティンタンは、『伝記』や『十万歌』にティンの名で登場する。ミラレパに嫉妬した大学者《ゲシェ》のツァプワが妾をつかって毒殺を謀ったのはこの村だ。いまも村の入り口に、ミラレパが毒を吐いてできたといわれる小さな池があり、村人たちはその水を飲まぬ習わしだという。もっとも、そんな話とは縁のない家畜たちは、おいしそうに水を飲んでいたけれど。

また、あるときこの地方をひどい旱魃《かんばつ》が襲い、水の利権をめぐって村人たちの間に諍いが起こった。彼らはミラレパのところへやってきて解決を求めたが、彼は世俗の争いに介入することは避けた。しかし、村人のひとりレーチュンがしきりに懇願を続けると、ミラレパは慈悲を起こして雨乞いの祈りをし、村に雨を降らせたという。

実際、高台にあるティンタンでは、いまも畑にどうやって水をまわすかが、悩みの種である。ここティンタンは、この地球上で最も奥地にある村のひとつだと思われるが、ミラレパはそんな場所を訪れることにさえ〝里へ出る〟感覚でいたのだから、驚きだ。

日が暮れるまえ、ツェリンが村のゴンパを案内してくれた。そのタンガラン・ゴンパは、集落の中央に盛りあがった丘に建てられた簡素な寺だ。文革の破壊も、さすがにこの奥地までは及ばなかったようで、祀られるグル・リンポチェの像も古くからのものが残されていた。村人たちへの感謝の気持ちをこめ、五体投地しておく。

チュワル・ゴンパの荒れ果てたさまを目にしたあとで、寺がいちおう機能しているというだけでほっとするものがあった。

家へ戻り、茹でたじゃがいもとツァンパの質素な晩飯のあと、ぼくは、薄暗い灯油の明かりでツェリンとぽつりぽつり話をした。

昼間、その家には四、五人の子供がいたが、いまは一人である。訊くと、夫婦の子供はその一人だけで、あとは親戚や隣近所からあずかっていただけだという。

「あたしは、いまの子のまえに五人子供を生んだ。だけど、みんな死んじまった」

「え？　なぜ？」

「事故や病気さ」

いかに風土の厳しい山奥のこととはいえ、五回という回数は尋常ではない。彼女の並はずれた優しさや無欲さが、たび重なる試練を経たものだったことを思うと、なんだか辛くなってくる。

「この子は、六人目だよ」

そう語るときの彼女は、うっすらと微笑している。ぼくは、それまでたんなる気だてのいい女性としか見ていなかったツェリンの表情に、底知れぬ深みを読みとりはじめていた。

彼女はいま四十歳で、子供をつくる年齢としてはもうぎりぎりだ。いま五歳だというその子供だけは、ぜったい生きのびてほしい。

兄の方の主人によれば、この村の畑ではじゃがいもや大麦、カブなど作られるが、ツァンパは自給しきれずティンリ方面から仕入れている。家畜としては、ヤクとゾーを飼い、羊や山羊はいない。この地方でさかんにゾーが飼われるのは、ちょうどここの風土が、ヤクに適したチベット高原と牛に適した低地との中間にあることを象徴している。

この地方の主食は、ツァンパに加え、じゃがいもである。で、ぼくはこのさき〝ツァンパとじゃがいもの日々〟を過ごすことになる。

ついでに言うと、ここから先、ぼくはチベット高原ではお目にかからなかったダニやノミに悩まされることになる。これまたこの土地の風土を示すものだ。

やっと緑にありついて安堵すれば、今度は別の強敵が現れる。安息の地はない。

ツェリンは、この村の裏手の峠を越えた森に、ひとりのラマ（チベット僧）が棲んでいると言った。

「いつごろから？」

「来たのはつい最近だよ」

そのラマの素性について、彼女は何も知らなかった。峠の向こうには、やはりミラレパゆかりのダクマル・キュンルン（赤岩の鷲谷）と呼ばれる聖地がある。そちらには民家はなく、深い森があるばかりだという。

ぼくは、そのラマを訪ねてみたくなった。

――ひょっとすると、そこでミラレパに会えるかもしれない。

□

翌朝、部屋のすすけた窓から空模様を覗ったぼくは、その風景に驚喜しておもてへ飛びだした。純白の雪峰が、谷むかいにその全貌を見せ、朝日に輝いていたのである。

チベット語でツェリンマ（ネパール名ゴーリシャンカール・七一四六m）と呼ばれる、この地方で最も神聖視されている山だ。ツェリンマとは女神の名で、ミラレパがここへ来たとき、はじめ悪さをしたが、しまいには彼に敬意を示し弟子になったといわれる。その山は、一九七九年にアメリカとネパールの合同登山隊によって初登頂されたが、ぼくたちはそれが土地の村人たちに畏怖される霊峰であることを知っておかなければならない。

ティンタンの民家には結局三泊することになるが、ツェリンマの頂を見たのは、結局この朝だけだった。雨季にはいりかけているいま、見晴らしがいいのは夜明け前に限られる。太陽が昇れば、またたくまに谷の下手から雲が湧いてきて、雪山のピークはすぐに見えなくなってしまうのだ。

その朝、ぼくはダクマル・キュンルンへ行くことにした。そこは行き止まりの場所なので、余分な荷物は家に預けて往復することになる。こんなときツェリン・ダワは信頼できるので安心だ。

彼女は、頼みもしないのにじゃがいもをたくさん茹でてくれる。兄の方の主人は、今朝、ここから歩いて一日の地点にあるネパール側の村チョクシャムへ出かけていた。で、弟の方が、家の前で目印となる方角を教えてくれる。

「あそこの岩から向こうへ降りるんだよ」

ぼくは、切り立った岩山の稜線を見つめる。

「どれ？　あの岩かい？」

「そうだ」

しかし、岩はたくさんあるのではっきりしない。

村を出て小一時間というころ、遠くの岩蔭に動物の角が見えた。チベットでよく見かける死んだヤクの角だろうか？　だが、どうも先ほど見たときと位置がずれているような気がする。

立ち止まって凝視するが、動かない。

気のせいかと思って歩きはじめると、今度は確かに、動いた。

この地方でラゲーと呼ばれる野生の山羊だ。百メートルほど距離があったので、ぼくはもっと近くで見てみたくなる。いったんあとずさりし、向こうからは死角となる下手を迂回する。身をかがめて、そろりそろりと進む。

しかし、さきの岩へたどり着いてみると、山羊はすでに立ち去ったあとだ。七、八頭の群れが、だいぶ離れたところでこちらを伺っている。

ぼくの動きは、完全に読まれていた。野生動物の直感力はすごい。

約三キロのじゃがいもの重さに難儀しながら、数時間岩場を登り、ぼくは標高四千二百メートル前後の尾根にたどり着いた。岩のひとつに夥しいタルチョが立っていたのでそれを峠だと思いこむが、ぼくはここで道を間違えていた。

岩の向こうはほとんど崖のようになっていて、下りはとんでもなく急だ。しばらくは道がついていたのでそれを辿るが、いつのまにか途切れてしまう。上から見るかぎりなんとか降りられそうなので、そのまま強行して下る。

危うく転げ落ちそうになりながらやっとのことで数百メートル下ると、崖の下は深い森になっていた。

広葉樹の下に生い茂った藪をザワザワかき分けながら進むと、野原に出た。

遠くに木造の小屋が見えてくる。

人気はなく、戸口で声をかけるが返答はない。勝手に戸を開けてはいると、どうやら行者の庵のようだ。部屋のすみに、布団をとり去られた寝床がある。故意に破壊された跡はない。ここに行者が棲んでいたのは、そう昔のことではなさそうだ。

あとで聞いたところでは、ここは昔ミラレパが棲んだ〝ポト・ナムカ・ゾン（峰と空の砦・三九〇〇m）〟と呼ばれる聖地なのだった。

ぼくは、とりあえずその部屋に荷物を降ろす。

付近を歩きまわっていたとき、ふと、地面にあきらかに誰かが置いたとおぼしき平たい石があるのが目についた。それをどかすと、水のたまった小さな穴がある。

――ここには人がいたのだ。それも、つい最近まで。

ぼくは、鍋をもってきてそこで水をすくい、火を起こして食事する。

ティンタンの夫婦が言っていたのは、この小屋のことなのだろうか。だとすると、そのラマはもうここを立ち去ってしまったことになる。しかし、彼らは、なぜラマがいなくなったことに気づかなかったのか。立ち去るにはあの村を通るしかないはずだが……。

何だかキツネにつままれたような心境だった。

さらにまわりを探索する。すぐそばは崖っぷちになっていて、見下ろすと谷はずいぶん深い。谷底は鬱蒼と茂る樹々に隠され、轟音が聞こえてくるばかりである。

ただならぬ気配を感じる。

谷向こうには、ツェリンマの雪峰が聳えている。

崖っぷちの小道をたどると、もうひとつの小屋〝キプグ・ニマ・ゾン（歓喜と太陽の砦）〟に出た。こちらもいまは廃屋だ。そして、さらに先にも小さな洞穴があり、覗いてみると、地面に何かの動物の骨が転がっている。ぼろぼろに崩れていて、人骨なのか野生動物の骨なのか判別できないが、たぶん鷲かヒョウの食べのこしだろう。

背筋がゾクッとする。ミラレパがここで悪霊と戦ったと言われるのも、頷ける話だ。

ダクマル・キュンルンは、チベットでは珍しい森の聖地だった。ロンシャルの谷からは峠で隔てられ、広葉樹の原生林が人の手がつけられぬまま残されている。人里離れた山奥を好む行者にとっては、理想的な場所だ。とくにこの崖っぷちは、ツェリンマの神々しい雪峰が祝福してくれる。

風景にも、覚醒した風景がある。

ぼくは、ここにいると聞いていたラマのことが気がかりだった。彼は、いったいどこに消えてしまったのだろう。あるいは、〝森の奥にラマがいる〟というのは実は彼らの神話で、訪れた巡礼者に村人がそう告げるしきたりになっているのではないか。そんな風にさえ思われてしまう。

とりあえず今夜はその小屋を拝借して一泊することにし、森で薪《たきぎ》を集めていたときのことだ。ふと、木の枝に古着が吊り下げてあるのが目にとまった。その下から小道が続いている。あきらかに、道しるべである。

――まだこの奥にも、何かあるのだ。

もう夕暮れが迫っていたが、ぼくはその道を行ってみたい衝動を押さえることができなかった。

左手の谷は異様に深く、右手の岩壁は垂直に切りたっている。絶壁が段差をなした僅かな土地に、鬱蒼と樹々が生い茂っている。

モミやヒノキなどの針葉樹とカバなどの広葉樹が入り混じるなかに、ときおり白やピンクのシャクナゲの花が現れ、ハッとする。あたりには甘い香りが漂い、薄闇に浮かびあがった鮮やかな花々は、夢の世界のようだ。

崩れた岩屋の跡を見かける。文革で破壊されたものではなく、たぶんもっと前のものだ。昔、この森に多くの行者たちが集まる時代があったのだろう。ミラレパの後にはレパ（綿布の人）を名乗る行者がたくさん輩出し、やがてその動きはニョンパ（癲狂者《てんきょう》）の潮流へと発展していったのだ。

さらに奥で、道端にミラレパの姿を彫った石板を見つける。色が塗られている。塗料はあまり長くはもたないはずだから、ここ数年内に塗られたのは確かだ。

――やっぱり、この森の奥に、誰かいる！

片手を耳にあてた瞑想のポーズをとるミラレパ。ひとり森のなかをさ迷い歩いているときに目にする像には、強いインパクトがあった。十二世紀にこの山中に棲んだミラレパの姿が当時の村人たちの脳裏に焼きつき、それが石に刻印されて今に至っているかのようだ。

像は文字よりもダイレクトだ。なぜこれまで仏像や神像がつくられてきたのかを、ぼくはあらためて深く納得するのだった。

日没はとっくに過ぎ、あたりはずいぶん暗くなっている。小屋から歩いてきた距離と暗くなる速度を秤にかけながら歩くが、さすがにもう限界だ。真っ暗闇になるまえに、小屋へ引き返さなければならない。

□

翌朝、ふたたび同じ道をたどった。明るい時間に歩くと、昨日のもの以外にも小屋の跡がいくつもあるのに気づく。小さな洞穴もところどころにある。

だが、人はいない。

昨日折り返した地点を過ぎ、小さな谷をひとつ越えたときのことだ。森の奥に、突然小屋が現れた。今度は廃墟ではない。

その瞬間、思わず立ちどまってしまった。

やっとお目当ての小屋に着いたのはうれしいはずなのに、何故か恐ろしくなってしまったのだ。こんな途方もない山奥にひとり隠棲する人物は、ただ者ではない。ひょっとすると熊のような大男かもしれない。狂人かもしれない。あるいは、ミラレパのように全裸に近い姿かもしれない。

ぼくは、以前にも何度かチベットやヒマラヤの奥地を旅したことがあるが、これほどの山奥に来るのは初めてなのだ。

小屋の手前に、水場があった。山の斜面をちょろちょろ流れてくる水に、注ぎ口として木の葉が添えられている。それを見たとき、ぼくは、ここに誰かが棲んでいることを確信する。そして、水場にこんな風流な工夫をするとは、繊細なひとなのだと思った。

小屋先には、新しいマニ石（経文を彫った石板）がいくつもあった。こちらも無造作にではなく、適切な配置を考え整然と並べられている。

——これなら、きっとだいじょぶだ。

ぼくは、気を落ち着け、声をかけてみる。

すると、そのとき戸口から現れたのはいかつい大男ではなく、ひょろっとした見るからにやさしそうな老僧だった。

「タシデレ」

ぼくは、合掌して挨拶する。

老僧は、笑顔を浮かべて無言で手招きしてから、サッと小屋のなかに消えた。

ぼくは、ひと息ついてから戸口をくぐる。

炊事場の土間を通って奥の居間にはいると、部屋のなかは予想外に整っていた。質素なベッドがあり、壁には仏や守護尊を描いたタンカがずらっと横一列に張られている。

ぼくは、あらためて礼をとる。

「どちらから？」

ベッドのうえでお経をまえに座ったラマが訊いてくる。

「日本です」

「ずいぶん遠くからいらっしゃいましたね。まァ、お茶を飲みなさい」

ラマは、魔法瓶にはいったバター茶を椀に注いでくれる。

「これ、じゃがいもですので、どうぞ」

そう言って、ぼくはツェリン・ダワが持たせてくれたじゃがいもをさし出す。今朝茹でなおしてきたので、まだ暖かい。

「あなたがお食べなさい。ツァンパは食べますか？」

「いえ、けっこうです」

ラマは、お経に目を落とす。ぼくは、ちょうど日課の読経をしていたところに闖入してしまったらしい。邪魔をせぬよう、茶をすすりながらしばらく待つ。

外では小鳥がさえずっている。高ぶっていた神経が、徐々に静まってくる。

ぼくは、ここの〝場所〟を感じる。

ラマは、お経を読み終えると、それを丁重に布で包んでベッドの横にしまった。

その老僧は、最初の印象とは異なり、話しはじめてみるとわりあい多弁なひとだった。

今年六十三歳になるという彼は、生まれはラサで、子供のころセラ寺で出家したのだと言った。二十代の終わりで文革にあい、チベットからインドへ亡命。サールナート、クシナガル、ブッダガヤ、アジャンタ、エローラなどインド中の仏跡を巡礼し、その後、ヒマラヤ山中にひき籠り、この地方を転々としてきた。ラプチにはのべ五、六年、こちらロンシャルにはのべ一年数か月。今回は、ラプチのドゥドゥル・プグにいたところを村人に請われ、つい十日ほど前、ここダクマル・キュンルンにやってきたばかりだという。

名をトゥプテン・ギャムヤンといい、

「T、H、U……」

スペリングをアルファベットで言ってくる。

「英語ができるんですか?」

「自分の名前だけです」

インドにいた間にすこし勉強し、おそらく片言くらいはできるようだったが、このときは使わなかった。これまでチベット本土のチベット人とばかりつきあってきたぼくには、〝外部〟を知っているひとは接しやすい。日本と言えば「ヒロシマ、ナガサキ」とくるくらい、彼は世情に通じているし、ぼくがどういう状況をバックにしてここまでやってきているかも、言わずとも理解してくれる。

こんな山奥に来て彼のような知的な僧に会うとは、思いもよらなかった。このラマは、全裸に近い姿で洞穴生活をしていたミラレパとはタイプが違うように見える。しかし、山奥で隠棲する行者に荒々しいイメージをもつのは誤解で、むしろ繊細であるがために山奥を選ぶのかもしれない。

彼は、人々の崇拝を一身に集めるようなカリスマ的な人物ではまったくなかった。むしろそのような偽善を厭《いと》うタイプの人だった。ぼくに何か説教を垂れることは一切なく、それでいて、深い慈愛のようなものを感じさせる。ぼくは、なぜか〝お父さん〟という言葉を連想した。

裸眼にありのままを映すことこそ、実は最も深い境地なのかもしれない。

今回の旅で、初対面のぼくを何の先入観もなく即座に受け入れてくれた人物といえば、ティンタンのツェリン・ダワとこのラマが筆頭にくる。ツェリンの無学な素朴さとその老僧の知性は、ぼくには聖俗の対《つい》として見える。よき聖者は、よき村人がいてはじめて出現するものなのだろう。

この聖地には、しばらく前まで、彼のほかにラマ・シェンラブという僧がいたという。そのラマによれば、ラマ・シェンラブはラプチに九年、ロンシャルに五年棲んでいたが、いまはチベット本土のツルプに行っていて不在だという。そして、この地方での彼の拠点はポト・ナムカ・ゾン、つまりぼくが昨晩過ごした庵だ。そんなことはつゆ知らず、庵を拝借していた。

ぼくは、以前訪れたツルプの記憶をたどる。ツルプの裏山で会った僧に、確かラマ・シェンラブという人がいた。

「どんな人ですか？」

「髭をのばした年配の僧です」

「そのひと、会ったことあります」

あるいは別人かも知れないが、ぼくが会ったツルプのラマ・シェンラブは、確かに髭をはやした老僧だった。同一人物だとすれば、ほんとうに不思議な縁である。

ツルプ寺はカギュ派なのでミラレパの法脈にあたる。しかし、目の前の僧はゲルク派だ。ぼくがそのことに触れると、

「宗派はひとつです」

と、ラマはさりげなく言った。

彼によると、ここダクマル・キュンルンへやってくる巡礼者は、一年で五十人くらいしかいない。それも来るのは夏場だけで、峠が雪に閉ざされる冬場は、村人さえも来なくなる。

ぼくは、ラマの身の上について根掘り葉掘り尋問をあびせるつもりはなかったし、彼に何か奥義のようなものを求めていたわけでもない。ここに棲む行者の人柄に触れ、彼を通してこの聖地とつながりがもてれば、それでよかった。

ぼくはここまで来るあいだの出来事をたどたどしいチベット語で話し、ラマはそれについて知っていることを教えてくれる。

そして、ぼくがこれからラプチに行くと言うと、彼はこう忠告してきた。

「いったんティンリまで戻って、ニェラムから回りなさい」

あの隊商の尼と同じことを言う。

「そうはいきません」

「ティンタンからラプチへの峠は、いまはまだ雪が深くて通れませんよ」

ぼくは、そのことはすでに村人から聞いて知っていた。まだ時期がひと月ほど早すぎたのだ。

だが、ラプチに行くには、いったん川を下流まで下ってそこから別の谷を溯る方法もあり、ぼくはそのルートをとる予定をたてていた。そのことを告げると、ラマは言う。

「そちらの道は、よく強盗が出ます」

そう言われても、やっとここまで苦労してはいったものを引き返す気になど、とうていなれない。

「でも、あなたはつい最近、その谷道を通ってきたのではありませんか？」

「わたしは僧侶だから別です。あなただったら、必ず首を切られるでしょう」

ラマが言うには、ティンタンの下流をネパール側にはいったあたりは相当危険で、彼がこの地方にいるあいだに、巡礼者が殺された話を何度も耳にしてきたという。ぼくは、外国人のひとり旅は彼が想像するよりずっと安全で、えてして国境をはさんだ双方は相手のことを悪くいいがちであることを知っている。とはいえ、なんせ初めての土地のことで確信はもてない。

ラマは、ぼくが忠告に従いそうもないことを見てとると、今度は「熊とばったり出くわせば襲いかかってくる」などと言う。しかし、熊がそう簡単にひとを襲うとも思えない。

「それなら、村人といっしょに行きます」

ぼくは、とりあえずそう答えておく。

このあたりのいわれについて一応説明を受けてから、ぼくは小屋を出てあたりを歩きまわった。

小屋のすぐ裏に、ミラレパゆかりのクスム・ドゥプグと呼ばれる洞穴があった。洞穴があるのは絶壁のずいぶん高いところで、いまでこそ丸太を削った梯子が掛けられているが、昔はいったいどうやって登り降りしていたものか。

どうやら、ミラレパはここでターザンも黙る野獣のような生活をしていたようだ。一般にミラレパはチベットの聖者として位置づけられているが、実はその活動範囲はチベット高原からヒマラヤのジャングルまでを含み、ヒマラヤの聖者と呼ぶほうがしっくりくる。

ミラレパは、どこかインドのサドゥーを彷彿とさせる。『十万歌』にはインドのクンダリニー・ヨーガと同源の修行法が流れこんでもいるし、そもそも密教をさらに土着化したところにサドゥーがいる。レパ（綿布の人）のレ（綿）は、ネパール産かインド産のはずだ。また、ミラレパがイラクサばかり食べて体が緑色になり、臨終のまえに毒を飲んだという話は、ヒンドゥーの神シヴァが毒を飲んで青くなったという神話を想起させる。

すべてを捨て去ったところにあるのは、土地だ。ヒンドゥー教と仏教には教義的な違いはあっても、土地がつながっている以上、連携する動きがあったはずだ。

ぼくは、その小屋を基点にして、さらに奥を探索してみたかった。しかし、小道を辿ると、歩いて数分のところで途切れ、そのむこうには深い森が控えている。ここは崖っぷちなので、これ以上は踏みこめそうもない。

道の折り返し地点は、地面が平らにされ瞑想場になっていた。崖下には深い谷があるが、こ

こからは谷底は見えない。

ぼくは、そこに立ってしばらく山の音に耳を澄ます。谷底からは川の音が地鳴りのように聞こえる。

それは、まぎれもなく恐ろしい音だった。〝地獄谷〟という言葉が浮かんでくる。

この先には、底知れず深い闇がある。ぼくは、今回ひたすらヒマラヤの奥地を目指す顚末になったが、もうこれ以上は行くことができない。いや、ここから先は、行ってはならない領域なのかもしれない。

ふと、さっきあのラマが忠告してきたのは、このことを言いたかったのではないかと思った。ここは、日本で〝大自然〟などと軽く言われるものとは異なる世界であり、それに対して安易なアプローチは危険である、と。

『伝記』や『十万歌』を書物で読むかぎり、このへんのところは見えてこなかったが、ぼくはその舞台にやってきて、はじめてミラレパがここで何をしていたのか、その一端に触れることができた気がする。

ミラレパがこの場所で瞑想していたのは〝闇〟だった。そして、〝光〟はそのなかでこそ輝きを帯びる。

保護すべき自然、などではない。人間には決して近寄ることのできない恐ろしい自然。〝神〟とも呼ばれるその生き物は、このヒマラヤの最深奥ではいまも生きつづけているのである。

小屋へ戻ると、ティンタンの父子が来ていた。こんなところで村人に会うのは意外だったが、実は、先日ラマをラプチからここへ導いてきた人物だという。彼らは、ラマがここで新しい生活を始めるのに必要な荷物を、村から運んできたところだった。

ソナという名の彼は、四十代なかばのがっちりした体格の精悍な男だ。息子のパーサン・ツェリンの方は、まだあどけなさの残る少年である。

彼らが森へ薪拾いに出ていったところで、ラマが言った。

「あなたは、あのひとたちといっしょにラプチまで行ってはどうですか？　彼らだったら、わたしもよく知っているので安心です」

確かに、道案内を頼むにはうってつけだった。彼らは谷を迂回する道を先日通ってきたばかりだし、ソナの精悍さは頼りになりそうだ。

「なら、そうさせていただきます」

ここで、問題となるのは、金だ。人間づきあいはしょせん金だ、という意味ではなく、その土台が金なのだ。

「だけど、いくらくらいで頼めるでしょうか」

「そうですね……、ティンタンからラプチの谷までは二日の行程ですから、百五十元くらいでいいでしょう。まず百と言っておいて、彼らが不服を言ったら、百五十と言いなさい。わたしがそう言ったと言ってはいけませんよ」

「もちろんです」

老僧は、これまであちこちを渡り歩いてきただけに、さすがこの手の方策には馴れている。

しかし、彼らが帰ってきてからその話を持ち出すと、ソナは、

「ゲロンラ（比丘様）、行きは二日とおっしゃいますが、往復すれば四日です」

案の定駆け引きをしてくる。ぼくはそう来るのは予期していたので、なら四日でいいと受諾し、二百で決着をつける。このへんは、ラマと村人の関係を今後も良好に保てるようにぼくなりに配慮しつつ、やはりできるかぎり値切っておく。

ソナは、「ゲロンラの頼みだから仕方なく引き受ける」という風を装っているが、二百元はかなりの収入なので、内心まんざらではないことが、ぼくには読める。

ラマに対しては、尊敬の気持ちからお布施をしておく。万一ここで何か起こった場合にカトマンズまで脱出できるだけの金を、村人のいないところで差し出す。このラマには、日本の僧侶のように葬式や観光による収入があるわけではない。人々の布施によって生かされている。そのサイクルに、自分のような者がわずかながら加われるのは楽しいことだ。

ソナは、あとでいくら布施したかぼくに訊いてきたが、ぼくはその問いには答えなかった。

ソナは、ラマをラプチからわざわざ引っぱって来るほど信仰心に篤いのだが、その一方で金に関してはかなりがめつかった。そのふたつが同居していることが、ぼくにはどうも理解に苦しむのだが、ようするにあらゆる意味で欲が強いのだ。ラプチまでの金額についても、これから何度となくつりあげを試みてくる。

ラマは炊事場にはいり、蒸しパンとジャガイモのスープを作ってぼくたちに振る舞ってくれた。もくもく煙が立ちこめるなかで薪をくべるラマの姿は、お経を読んでいるときのいかにも

僧侶といった雰囲気とはうってかわって、山の生活者の風貌をかいま見せる。

ぼくは、ソナの父子とともに小屋をあとにし、ティンタンへ向かった。出掛けに、ラマはぼくたちの首にカタをかけて祝福してくれる。

ソナはこのあたりの聖地には詳しいので、ぼくが見落としていたミラレパゆかりの洞穴やシャブジェ（足跡《あしあと》）を案内してくれる。特殊な力をもったミラレパは、この地方のところどころの岩に自らの足跡を残したといわれ、いまでも村人や巡礼たちの崇拝の的になっている。仏足《ぶっそく》跡《せき》のチベット版といえば分かりやすいが、チベットでは足跡というものがかなり大きな役割を果たしている。

たとえば、そのひとつは、昨晩一泊したポト・ナムカ・ゾンのそばにあった。

「これは、ミラレパの足跡だ」

斜面にあいたウサギの巣くらいの穴のなかをソナは指さした。覗いてみると、石の表面が確かにへこんでいる。しかし、足の跡そのものというわけではなく、そう言われなければ気にもとめないようなしろものだ。

ぼくは、どういう表情を返せばいいのか戸惑った。だが、ソナがそれを額面どおりに信じているのは間違いないから、フムフムと聞いておいた。チベット人の信仰には、ぼくたちの常識では理解しにくいものがたくさんあり、これも奇習のひとつ。自然のなかにミラレパの姿を見ている、ということだろうか。

また、ソナはある場所で、大岩のあいだの狭いすきまをくぐり抜ければ霊験があると言った。ぼくは、ソナにならってそのすきまをレインジャー部隊のようにくぐる。途中、挟まったまま身動きができなくなりそうな恐怖感があるが、ぼくは細身なのでなんとか切り抜ける。太り過ぎた人間には霊験を得る資格がないのだと思うと、何だかおかしくなる。

草地を通り過ぎ、峠へ向かう。来るとき辿ってきた道が誤りだったことを知ったのは、このときだ。恐ろしい急坂であることに変わりはないが、ぼくは来たときの半分の時間で峠に着くことができた。

ソナは、腰の短刀を抜いて笹に似た草の茎を切った。それを器用に細工してちいさな首飾りを作り、ぼくにプレゼントしてくれる。

「何だい？　これ」

「ダクマル・キュンルンのお守り《チラブ》だ。これを首につけていれば、この地方の者なら誰でも、あんたがここを巡礼してきたことが分かる」

日が暮れるころティンタンに着いたぼくは、その晩はツェリン・ダワの家に一泊した。彼女にはその日戻る約束をしていたし、なによりその家の暖かさは、ぼくにはたいそう居心地がよかったのだ。

その晩は、夫はふたりともよその村へ仕事に出ていて、かわりにツェリンのいとこが来ていた。しんみりしたひと晩になりそうだったが、そこへ三人のネパーリの男たちが現れた。国境の向こうから竹細工のカゴを売りにきたという。面倒見のいいツェリンは、彼らを居間にいれてツァンパを食べさせてやる。

ぼくはネパール語はできないが、男のひとりにヒンドゥ語のできる者がいて、なんとか話をすることができた。彼はインドのパンジャブ州で何年か肉体労働者として働いていたといい、こんな山奥でパンジャビなまりのヒンディーを喋り、ぼくを驚かせた。もっとも、驚いていたのは向こうも同じだったが。ぼくは、中国・ネパール間の国境や検問、橋の位置、ラプチまでの行程について教えてもらう。

久しぶりに耳にするヒンディー。脳の中心にたたみかけてくるような棒読みの低い響き。それはぼくに、この谷の遙か下流に広がるインド平原を想わせた。

男たちが帰ったあとで、ぼくはツェリンに尋ねる。

「そのカゴは、一個いくらなんだい?」

「じゃがいも三個よ」

つまり、物々交換である。ぼくは、手編みでカゴを一個作る労力と、じゃがいもを三個作るそれを秤にかけてみる。

——これは、カゴの方が不利だ。

聞き違いかと思ってもう一度聞き直すが、同じことだった。しかし、よくよく考えると、カゴの材料は天然のものだし、こんな不毛な土地でじゃがいもを三個作るのは、やはりたいへんなことなのだ。

この家に泊まるのは最後の晩なので、ぼくはツェリンにお礼を言って、少しばかりの金を渡す。すると、彼女はツァンパ、じゃがいも、茶などをしきりにすめてくる。

「途中で必要になるから、もってけ」

彼女は、ほんとうに無欲だ。

通りすがりのよそ者を欲得ぬきでもてなしてくれた彼女が、どうか幸せに一生を送れますよう。

□

翌朝、ぼくが居間でゆっくりしているところへソナがやってきた。ぼくは昼に彼の家へ行く約束をしていたのだが、向こうから出向いてきたのである。見入りのいい仕事を手放したくないから、とぼくは読む。

ぼくは、ソナに連れられてティンタンの彼の家へ行き、ここでもまたじゃがいもを振る舞われる。

ソナは、この高台でディー（雌のヤク）十五頭にゾー三頭、ゾモ（雌のゾー）五頭、ドモ（ゾモの子供）二頭を放牧していると言った。ここからも分かる通り、家畜が生活のなかで重要な位置を占めるチベットでは、雄と雌か、大人か子供かよって別の呼び名が用いられている。ディーはゾモより良質のミルクが採れるので、チベット高原から輸入されてくるという。

彼は以前何度かヤクを飼ってみたが、風土に適応できずみな死んでしまった。ヤクが適応できないことは、ここがチベット人にとってぎりぎりの土地であることを意味している。

ぼくは、ソナの父子とともに下の村トゥプテンに降りた。

ソナのそちらの家は、崖っぷちのそばにひっかかるように建っていた。村の一番はずれであること、そしていまひとつのミラレパの洞穴のそばであることが、その家の性質を物語っていた。

こちらの家には、ツェリン・ダワの家の気楽さとはうってかわって、ほとんど〝宗教的〟といっていいほどの暗く重苦しい雰囲気があった。もう七十近いと思われるソナの母は、超厳格なひとで、老後の暗がりから一家を圧しているように見える。ソナは、山賊かゲリラになっても不思議はないがっちりした体格を持ち、欲が強く、あまり融通のきかない男なのだが、そんな彼も、母親の前に出るとしゅんと小さくなっている。その家風を反映してか、ソナの奥さんもめったに微笑など見せない堅気の女だ。そんななかで、年老いた父だけが、なぜかひとりだけ並外れておっとりしている。

木戸をくぐって居間に通されたぼくに対し、ソナの母が最初に放ったせりふは、こうだ。

「茶は出さないよ」

彼ら同士の会話は土地の言葉なのでかいもく分からなかったが、ぼくには空気からものごとを察することが習慣化している。しきりにゲロンラ（比丘様）の話題が出、彼らがあの老僧に相当入れこんでいること、そしてゲロンラの頼みなのでしかたなくぼくの案内を引き受けたのだと話しているのは、カンで分かった。

ただ、なにごとも迷惑がっておくのは、山びとの一種の振る舞い方なのかもしれない。

あのダクマル・キュンルンの小屋で出会わなければ、ぼくは彼らとは知り合わなかっただろう。しかし、たまには閉鎖的な一家に世話になるのも、それはそれで貴重な経験だ。

その晩、ぼくは屋外の軒下に寝場所をあてがわれた。それは、よそ者を家のなかでは寝かせない排他性からくるものかも知れなかったが、ぼくにとっては、ひとりで気を遣わずに眠れるのは、かえって好都合。この村は標高もそれほど高くないので、夜も暖い。

ぼくは、谷間のしめった空気を肌に感じながら眠りにつく。

ミラレパの詩Ⅱ

神々との対話

仏教は、もともと土着的なものから離れることで発生したのだったが、大乗仏教、密教へと展開するにつれ、ふたたび土着性を帯びていった。ミラレパには、仏教をチベットの大地に根づかせる使命が課せられていた。

当時のヒマラヤ地方には、土着の宗教が広まっていた。ミラレパが棲んだ地方の村人たちだけでなく、ミラレパ自身の意識のなかにも神々や悪霊たちがいた。ミラレパは、それらとおりあいをつけなければならなかった。
ぼくたちは、ヒマラヤの神々の信徒ではない。だが、日本人の深層意識に神道が眠っているとすれば、そこに相似するものを見いだすことはできるはずだ。それに、ホラー映画やパソコン・ゲームでいまだに悪魔と戦っていることを思えば、ぼくたちの意識はけっこう〝泥くさい〟のかもしれない。

＊　＊

ある夜更けのこと、ツェリンマの悪霊たちが、ミラレパの修行の邪魔をしようと攻撃をしかけてきた。

ティン川への途上にあるこの静寂の地で
わたし、チベットのレパ・ヨーギは深い瞑想にはいっていた
体内の気《ルン》に意識を集中させることで生み出される光景は
すばらしい劇のように
わたしを楽しませ、うっとりさせる
ここにはこの世の悪霊や神々たちが
一人残らず集まっている

なかでも際立つのは
恐ろしく忌まわしい姿に変じた五人の魔女
わたしの帰依を妨げにやって来て
つけいるすきを狙っている
わたしは一人の魔女が骸骨のように笑い
スメール山(注4)を持ちあげるのを見る
わたしはもう一人の赤い魔女が血のしたたる舌を出し
大洋の水を飲み干すのを見る
最も恐るべき魔女はヤマーンタカの死神に変じ
日月のようなシンバルを打ち鳴らす
わたしは灰を塗りたくった魔女が
ゲラゲラ笑いながら星の上で踊るのを見る
わたしは美しくなまめかしい魔女が
そそのかすような唇と、うっとりする美貌で
欲情をとことんあおり立てるのを見る
それは男を狂わせる魔性の女

注4：宇宙の中心に聳えると信じられていた山。カイラス山を指すともいわれる。

ミラレパがラマや守護神に祈ると、今度は悪霊たちが歌った。

おまえには逃げ道はない
おまえには力も自由もない
自分たちはおまえの命と魂と霊をもらいにやってきた
おまえの息の根を止め、体から意識を抜き
おまえの血を飲み、肉と五蘊《ごうん》(注5)を食うために
さあ、おまえの命が終わるときがきたぞ
おまえの業とすべての功徳は尽きた
さあ、死神がおまえを食い
業の黒い綱がおまえを縛りあげるぞ
今夜、おまえはこの世を去る

ああ、哀れなヨーギ、おまえには友も縁者もない
この人里離れた場所は、暗くあやうい
この孤独な道は、険しく危ない
おまえは仲間もなく一人で進まねばならない
ここにおまえが留まることはできない
今すぐ出発するのだ

注5：人間を成り立たせる五つの要素。外界の物質、及びそれを感受して認識する四つの働き。

人間にとって最も恐いのは、死。死神というのは、その恐怖がかたちをとったものと思えばいい。

さて、ここからが見所だ。ミラレパは、悪霊を調伏するのではなく、逆に自分の肉体を彼らに供物として捧げてしまうという意表をついた行動をとる。このあたりには、のちにチューの行法へと展開するチベット仏教独特の要素を見てとれる。

おまえたち、生き物の命を盗む
俗なる神々やおろかな悪霊ども
わたしの言葉をよく聞くがいい
五蘊から成るこの人間の体は
つかのまの死すべき幻にすぎない
いつかは捨てねばならないのだから
望むならば、今すぐそれを取るがよい

私の体の供物が
すべての生きとし生けるものへの贖《あがな》いとなりますよう
この供物が
父母の供養と祝福のために役立ちますよう

心からの献身をもって
このわたしの体を捧げたからには
おまえたち皆が満足し幸せになりますよう
願わくはこの功徳によって
始めなき輪廻のなかで
わたしの負う業《カルマ》の負い目が
すべて浄化され償われますよう

自分自身をあけ渡してしまうこと。この方向性は、自力よりはむしろ他力に近い。ミラレパの献身に打たれた悪霊たちは、ここで一転して態度を翻した。自分たちの妨害は、実は人間の内なる執着心によるものであることを明かし、ミラレパにこう助言した。

外なる誘惑は大きく
内なる怠慢は強い
欲情や執着はつねに影のようにあなたにまとわりつきます
たとえあなたが超越的な知恵に専念したとしても
内なる神々と悪霊の幻影に打ち勝つのは、難しいこと
これらの妄念はとてもすばしっこくずる賢いから
恐れと希望の険しい道で

かれらは縄や罠をもって待ち伏せし
あなたを陥れるすきを狙っています
それゆえ、あなたの内なる砦を守るため
寝ずの見張りを立たせておかねばなりません

それに対し、ミラレパは答えた。

「われわれヨーギは、障害というものが邪悪で害を及ぼすとはまったく考えない。悪霊がどんな姿かたちをとって現れようとも、それを助けとなる状況、あるいは恵み深い贈り物として受け入れる。馬の鞭のぴしゃりという一撃のように、それら悪霊たちによる障害は、怠惰な初心者にはたいへんよい刺激になる。また、すでに安心を得た熟達したヨーギにとって、それらの障害は知恵を養うものとなる。わたしは、このようにして障害を精神的成長を助けるものに変え、邪悪なものを徳に転じた。いまや、一切の妄念は法身《ダルマカーヤ》そのものとして現れている。こうして、実際におまえたちは、わたしが仏道に帰依するために必要な一切の援助をしてくれたのだ。」

そして、ミラレパは歌った。

無数の災いを引き起こす
たちの悪い男女の悪霊たちは
目醒めるまでは実在するように見える
しかし、その本質を真に悟るとき

彼らはダルマを守護するものとなり
その援助によって
人は夥しい成就を得る

究極の真理にブッダも悪霊もありはしない
人はここでダルマの尽きた境界にはいる

もう一度言おう
悪霊などというばかげた概念そのものは
根も葉もなく、空で、しかも輝いている
ああ、これはまことに驚くべき、素晴らしいこと！（第二八章）

このようなミラレパの内面でのドラマは、修行の階梯を教えると同時に、仏教が土着の宗教を吸収していったありさまを反映している。注目すべきは、その過程が暴力的な宗教戦争ではなく、非暴力によって土地のエネルギーを自らのうちにとり込んでいったことだ。

欲を捨ててしまえば、人間は死んでしまう。それを生かすところにミソがある。

また、あるときミラレパのもとへ、鳩に変身した美しい天女が教えを乞いにきた。それに対し、ミラレパはこう歌った。

天女たち、鳩の魔法使いよ
ダルマを求めるのは容易い
だがダルマへの深い信心を持つのは難しい
この世の楽しみにまつわる避けがたい不幸に
おまえたちは気づかねばならぬ
この人生の苦痛と悲惨を
解脱《ニルヴァーナ》へ導く友とみなさねばならぬ
わたしはといえば
巡りあった逆境にとても感謝している
ああ、友よ
このことを心にとどめ、同じくするがよい（第八章）

魔女が地獄の投影ならば、天女は天国の投影だ。ここでは、美しく楽しみに満ちた天国さえもが乗り越えられている。この世には悲惨がある。それに目をつぶって楽しい思いをしているだけでは、束縛から自由にはなれない。

ミラレパの教えを受けた神々や悪霊たちは、心を改めてダルマに帰依した。こうして、土着の神々は、仏教に敵対するものから、それを守護する存在となっていったのだ。

そこにいたすべての者をわたしはダルマへ導き

強制によってではなく
慈悲と愛によって改心させた
方便をもって
形なき悪霊や神々を改心させ
まごころをもって
彼らに静寂のダルマを説いた（第四六章）

（つづく）

第七章　ラプチ

明け染めていく空の明るさで目覚めた。

ぼくは、早い朝食をすませ、ソナの支度がすむのを待った。椅子に毅然と腰掛けたソナは、旅立ちの儀式でもするように妻に髪を結わせている。その姿には、山伏を想わせる威厳があった。

トゥプテンを発った。ぼくの荷物はソナの息子パーサン・ツェリンが持つことになった。ぼくは人に自分の荷物を持たせるのはあまり好まないけれど、これからの行程で自分が彼らの足をひっぱるのは分かりきっているので、任せることにしたのだ。

ロンシャル川《チュ》ぞいの道をずっと下った。このあたりの谷は上流よりも遙かに切り立っていて、あたりは鬱蒼とした密林である。木々の枝からは糸屑のような植物が垂れさがり、まさに〝ジャングル〟という言葉がぴったりだ。夥しい水量の奔流は、轟音をたてて大岩のあいだを怒濤のように流れている。

激流に沿って歩くときは、何か恐ろしい怪物のわきをすりぬける心地がする。

道が川から遠ざかれば、蟬の声が頭いっぱいに響く。

蒸し暑い。汗がダラダラ流れる。

途中、道端の岩に腰かけてひと息ついているとき、

「足もとに気をつけろ」

とソナが言った。山蛭《やまびる》が這いあがってくるからだ。いったん蛭に血を吸われると、たいていそのあいだは知らずにいて、血がとめどなく流れ靴下が真っ赤になってはじめて気づくことになる。

予想どおり、彼らの足は異様に早く、ぼくは徐々に遅れをとった。一度ぼくが道を間違え、お互いに姿を見失い探しまわるというひと幕があった。ぼくは大声をあげて彼らを呼ぶが、川の轟音にかき消されてとうていとどきそうもない。

出会い頭に、ソナが怒鳴りつけてくる。

「なんで、ちゃんとついてこないんだ!」

ぼくもまた、どなる。

「なんで、勝手に先行くんだ!」

ここで、ぼくたちはそれぞれの不満をぶちまける。ソナには、身軽なぼくが荷物を背負った十五の少年に遅れをとるのが不甲斐なく思えるのだろうが、ぼくにしてみれば、土地の人間ではない自分が彼らについていけないのは当然だ。それに、彼らが速く歩くことには、行程を短

くしたい魂胆があるのは見え見えなのである。

しかし、この一件で、やっとソナはぼくに対してすこし気を遣うようになる。ここでぼくが行方不明にでもなれば、彼らにとっては大ごとだ。

もちろん、ぼくは彼らに対し心底怒ってはいるわけではない。このようにぶちあたるのは、一度は通らざるをえない通過儀礼だ。ソナは融通のきかない山男だが、山賊などものともしない精悍さを、ほんとうはぼくは頼りにしている。

結果的に言えば、ぼくは、この道をひとりで行っても問題はなかった。しかし、ぼくが襲われる可能性は、確かにあったと思う。たとえば、昨日の晩出会ったネパーリが、この先の村で、

「近いうちに、妙な外人がひとりでこっちに来るぞ」

と誰かに言ったとすれば、待ち伏せされても不思議はない。こんな険しい谷間では、よそ者がひとりくらい消えてもとくに疑問は持たれないだろう。山奥というだけなら村人はみな顔が知れているので安全だとしても、ここは国境地帯。中国側とネパール側双方の人間が出入りしているので、何かことが起こっても互いになすりつけあえば言い逃れができる。しかも、ここは二つの国家の検問と検問のちょうど中間だ。

橋を対岸に渡ったとき、ソナが言った。

「ここから先は、ネパールだ」

国境線を越えた実感はない。ただ険しい谷と密林があるばかりである。

時刻がここで二時間半遅れになることなど、完全に無意味だ。時計を修正すればかえって日

没時間の感覚が狂うだけなので、ぼくはチベットでずっと使ってきた北京時間のままでいく。

　東京で生まれ育ったぼくは、ものごころつくまで〝国境〟を感じたことはなかった。海外を旅をするようになって、日本という島国の特殊性にはじめて気づいた。とくに陸路の旅では、国境線を一歩越えれば空気がガラッと変わり、人間が国家の枠組みのなかで生きていることを思い知らされた。

　ところが、いまここで感じる国境は、そう言われなければ分からないような、そう言われても納得がいかないようなものだ。一本の川の向こうとこちらは、自分の家と向かいの家のようなものでしかなく、こんな所に線が引かれていることがひどく抽象的に見える。

　この地方の国境は、そもそも線で引ける性質のものではない。

　ヒマラヤの住人にとって重要なことは、平面的な位置よりもむしろ高度である。ヤクを放牧できる高原はだいたい標高三千メートル以上の場所にしかなく、それ以上の高原にチベット系の人々、それ以下の森林地帯にネパール系の人々という棲み分けが見られる。ただし、森や高原は当然あちこちに飛び火しているし、両者は混血しあっているので、どこまでをチベット系と言えるかははっきりしない。ネパールの場合は多民族がいり混じっているから、ネパール系という呼ぶこと自体にもかなり無理がある。

　そんな緩やかな〝ボーダー・エリア〟にあって、トゥプテンの村人たちは森と高原の両方に住みながらも、どちらかというと高原に依存していた。ここから下流に行けば高原は少なくなり、次第にネパールの森の文化が始まるはずだ。

しかし、ぼくは、今回そこまで谷を下ることはない。右から別の川をあわせる合流点から、もうひとつの川を上流へ溯る。つまり、ぼくは、雪の峠から辿ってきた下りを、これから別のかたちで折り返すのだ。

それを思うと、気が遠くなる。


ソナによれば、以前合流点のそばにはゾム・サンバと呼ばれる橋があったが、四年前の大水で流されてしまい、いまはもっと下流まで下って別の橋を渡らなければならないという。そのため、ぼくたちは、ほんの十メートルほど隔てた対岸へ渡るというだけのために、半日かけての迂回を余儀なくされる。このことだけをとっても、この川がいかに激流であるかが分かるだろう。

標高二一五〇メートルの地点で吊り橋を渡った頃、ぼくは、もうへとへとに疲れていた。今朝、村を出たときは肌寒いくらいだったが、いまは汗だくだ。ここ一週間で、ぼくは真冬から真夏へと季節の激変を経てきている。雨季入り前のネパールは、一年で最も暑い季節なのだ。

当初の予定では、この吊り橋のところで一泊するはずだったが、

「もっと先まで行こう」

とソナは言う。確かにまだ日が落ちるには間があったので、ぼくはそれに従う。

奔流の岸に置かれた丸太のうえをバランスをとりながら渡る。一歩誤れば怒濤に飲まれる危うさだ。

ちょっとした峠をふたつほど越え、さらに川を溯っていく。

一時間ほど歩いたころ、密林のなかでソナが立ちどまった。

「今晩は、ここで寝よう」

道端に、グル・リンポチェを祀る洞穴があった。それは雪のカマクラのかたちをした大岩で、昔は川底にあったらしく、表面が滑らかになっている。水に研磨されてできた窪みが小部屋となり、四、五人横たわれる空間がある。

なんだか素敵な、天然のアートだ。

ここはネパール側からラプチへ行く巡礼がときどき利用する洞穴らしく、なかには、祭壇として置かれた石のうえに蠟燭《ろうそく》の跡があり、地面には木の葉がびっしり敷きつめられていた。

蠟燭を灯すと、洞穴のなかはパッと明るくなった。

やはり、ソナといっしょに来たのは正解だった。もし、ぼくがひとりで来ていたら、橋の位置を探すのに難儀したことだろうし、密林をさ迷っているうちに日が落ちれば、どこで夜を過ごすかが問題となったはずだ。

野獣が棲むジャングルの夜は、恐い。

ぼくたちは、薪を集め、火を起こして食事する。

その洞穴は、かたちこそまったく天国のようだったが、天国のなかにも地獄はある。

ぼくたちはその夜、木の葉からはい出て下着のなかにまではいりこんでくる、得体の知れぬ地虫に悩まされつづけた。

蟬の声は、川の轟音にかき消されて聞こえない。

□

ソナは、翌朝洞穴の前で火を起こしているとき、

「村で仕事があるから、おれたちはここで帰る」

と、唐突に言いだした。いま戻れば今日のうちにティンタンに着けるという算段だ。

ぼくはこの類いのいいかげんさにはチベットでさんざん接してきたので、それほど驚きはしない。彼らのなかには〝約束〟という観念が欠如している者が多く、スキさえあれば楽な方へ楽な方へと逃れようとする。こんなことを言ってくる下地は、実は昨日からあった。

「ルマナモの村は、もうすぐそこだぞ」

彼はそう言うが、ぼくはティンタンでヒンドゥー語を話すネパーリから主要なポイント間の歩行時間を訊いてノートしておいたので、そう簡単には騙されない。すぐそこと言っても、まだ二、三時間はあるはずだ。

「じゃあ、ティンタンから往復二日の仕事だから、百元だな」

ぼくは、そう真顔で言う。

密林のまっただなかで、ぼくたちは朝から激しい口論となる。もちろんここで彼らを本気で怒らせては自分の身が危ういので、罵詈雑言《ばりぞうごん》は禁物だ。

「行かないなら、金は一切払わない」

ぼくは、そうきっぱりと断言する。

「出さないっていうなら、力ずくで出させる」

などと来たらどうしよう……、と内心不安を抱きつつ。

行くか、行かないか。

ソナの思考は、二つの選択肢のあいだを揺れ動き、とりあえずこの場は「行く」に落ちた。

こんなときどこまで強く出られるかは、自分という人間が彼らをどれだけ拘束できるかにかかっている。ここは中国やネパールの法律がほとんど及ばない、文字どおりの無法地帯。ここで人を殺すか殺さないかは、当人にとってメリットがあるかないかということでしかない。この男の場合、金はメリットだが、ぼくを殺すことはそれ以上のデメリットだった。

いや、ぼくは、彼が崇拝するダクマル・キュンルンのラマの力に守られていたのかもしれない。


ぼくたちは、洞穴を発って、昨日通った合流点を左に折れた。ここで、ポゼ峠《ラ》から辿ってきたロンシャル川《チュ》に別れを告げ、ボテ川《コシ》のもうひとつの支流ラプチカン川《チュ》を溯る。

ふと立ち止まったソナが、さきの口論のことなどすっかり忘れ、

「おい、対岸を見てみろ！」

と叫んだ。

そちらの川岸に、ふさふさした長い尾をもつ二匹の貂《てん》がいた。たぶんつがいだろう。ぼくたちがそちらへ渡れないことはちゃんと分かっているようで、尾でバランスをとりながらピョンピョン跳ねながら追いかけっこをしている。

その姿は、動物園やサファリ・パークとは違い、優雅にのびのび遊んでいるように見えた。人間がかろうじて通過できるこのあたりは、野生動物にとっては天国だ。

ソナは、対岸に滝とミラレパの洞穴のあるニェニュンと呼ばれる場所があると教えてくれた。ミラレパが棲んでいたというからには、一時期は行者のすみかとして使われてきたのだろうが、いまは人はいない。背後のかなり切り立った川岸にあるので、いったいどうやってそこへ行くのか定かではない。

また、ソナが「ここで帰る」と言い出す。

「なら、百五十元だ」

ぼくがきっぱり言い放つと、今度は息子のパーサン・ツェリンまでブーブー言い始める。彼らはもうティンタンに帰ることしか頭になく、いかに足の速い彼らといえども、今日じゅうに着くにはもうこのあたりが限界なのだ。

その場はなんとか収め、ほどなくして着いた最初の村ルマナモで金を渡す。するとまた、

「これはオレの分だ。パーサン・ツェリンにも払え」

と、ソナはぬけぬけと言ってのけ、息子も父親に口をあわせる。

ぼくがきっぱり断ると、むこうは苦々しい顔つきで納得する。〝ダメモトで一応言ってみる〟

というのが、彼らのやり方なのだ。

結局、彼らは今日じゅうにティンタンに帰るのはあきらめたらしく、ぼくたちはルマナモのソナの知り合いの家でひと息いれることになった。ぼくたち双方にとってここですべては一件落着したわけで、そうなってみれば彼らはもうさっぱりしている。

「ほんとに助かったよ。ひとりでここまで来るのはたいへんだからね」

そうぼくが礼を言うと、

「ここからラプチまでは一本道さ。ひとりで十分行ける」

と、ソナ。

その民家には、ふたりの老婆がいた。七十と七十二というチベットではかなりの高齢で、ふたりとも顔はすでにキンさんギンさんばりの皺《しわ》くちゃだ。チベット高原に比べ、どうもこの地方の人々は長生きなようである。緑が豊富であるということは、やはり人間が生きるのにによりふさわしい環境なのだと思う。

薄暗い部屋を、老婆が床をミシミシ言わせてゆっくりと横ぎる。

「茶は、かってに自分でいれてお飲み」

そうぼくたちに告げ、おぼつかない手つきで茶碗を置き、あとは部屋のすみに座ってじっとしている。

ソナは、ポリタンクを出してこの村のターラー（酸乳）をもらい、ティンタンへの手土産にする。

チベット高原とは峠で、ネパールとは峡谷とジャングルで隔てられたここは、この現代にあっても、都市文明の波から守られた天然の揺籃《ゆりかご》である。医者などいないこんな僻地では大病になれば死んでしまうのだろうが、たぶんその老婆には、もう望みはないのだ。何の抵抗もすることなく自然のなすままに老い、静かに余生を送れるというのは、かなり幸せなことかもしれないと思う。

ここの村人は、ロンシャルと同じ方言を話すチベット人だ。国境を越えても習俗が変わらないのは、こちらの谷ももともとチベット圏の一部であり、中国政府によってその地方がネパールに譲渡されてからも、風土と住人は基本的に変わっていないからだ。

地元の村人にとっては、国籍などにたいした意味はない。彼らには山の生活があるだけだ。

ソナ父子と別れ、ぼくはひとり谷を上流へ溯った。

荷物が肩にくいこみ、歩く速度はめっきり遅くなる。

こちらラプチカン川《チュ》の谷は、ロンシャルほど地勢は険しくなかった。雲の通り道となるため雨が多く、草原がところどころに見られる。草原のさきには急峻な狭い谷間があり、そのまたさきに草原がある。川はそんないくつもの段をなしながら流れている。

草原にはときどき馬や牛、ゾーなどが放牧されていたが、まだ時期が早いためか、その数は少ない。ゾーよりは馬と牛が目につくことが、湿潤な気候を物語っている。いまは雨季にはいりかけているので、ときどき原っぱ一面に黄色や紫の可憐な花々が咲き乱れ、のどかで牧歌的な景色だ。

急峻な谷間にはいると、こちらにはふたたび密林とダイナミックな激流がある。切り立った崖っぷちのところどころには、また白やピンクのシャクナゲの花が咲いている。

昨日今日と着替えなどせぬまま汗だくできたので、全身がすっかりベトついていた。ぼくは、険しい谷間にはいったところで道からそれて密林に分けいり、激流の川岸で〝洗濯休憩〟をとることにする。ひとは来ないので全裸になるが、川にはいるには流れがあまりに急だし、だいいち水は身を切るように冷たい。タオルを水に浸してゴシゴシ体をこする。

――ひェーッ！　冷てェ！

ぼくは、ぶるぶる震えながら川岸で火を起こす。食事をしてしまうとやることがなくなり、岩のうえにひろげた服が乾くまで、日なたの岩のうえでただ座っている。

夥しい水が、ゴツゴツした大岩のあいだを地響きのような音をたてて滝のように流れている。水煙がしきりにふりかかってくる。上手の岩にひっかかった大木が流れをせき止めているが、もしそれが壊れれば、ぼくはあっというまに川に飲みこまれてしまうだろう。

轟音は、ぼくの鼓膜だけでなく、実際にぼくの体を振動させている。

暴力そのもののような水を眺めていると、ふと激流につりこまれそうな目眩《めまい》をおぼえる。

日暮れどき、タンチェモに着く。村を予期していたが、美しい牧場と小屋が数件あるだけの場所だ。番犬に吠えつかれながら小屋へ向かい、出て来た女に一夜の宿を頼むと、あっさり断られる。「ここには犬がいるから」というが、ほんとうはぼくを警戒しているのだ。さっきぼくを追い越していった夫婦が、すでにあき部屋のひとつにはいっていたが、彼らもよそ者のぼくには冷淡だ。

「この先をもうすこし行けば、無人の小屋があるさ」

そう彼女に聞き、ぼくはさらに上流へ小一時間歩く。狭い谷を過ぎふたたび川沿いに草原が見えてきたころには、もう夕闇が迫っていた。小屋が十軒ほどあったが、誰もいない。もう少し暖かくなってから、下の谷から村人たちが放牧にやって来るのだろう。

どうもこちらの谷は、開けた土地はあるというのに、ロンシャル以上にひっそりとしている。今朝から顔を合わせた人間は、全部で十人に満たない。

ぼくは、よさそうな小屋をひと晩借りることにし、一軒一軒見てまわる。どれもなかはがらんとしていて、地面に家畜の糞が散乱している。

道からすこし離れた小屋に荷物を置き、薪を集めに出る。

今朝は真夏のジャングルにいたというのに、標高を千メートルあげただけで、初春の草原に舞い戻っている。

□

ふたたび川の上流目指して歩いているとき、向こうから馬を連れたふたり連れの村人がやってきた。

「ラプチまで、あとどのくらいだい？」

「もう、すぐそこさ」

村人の〝すぐそこ〟は、見当がつかない。

髭づらの男は、手のひらを立て、

「こんな山が見えたら、それがラプチさ」

つまり絶壁ということか。土地に詳しい彼らに、このさきの峠の残雪状況について訊いておく。すると、ぼくがあきらめたティンタンからラプチへの峠越えはいうまでもなく、これからラプチ経由で越える予定の峠についても、五月中旬のいまはまだ無理だという。

「このくらい、雪があるさ」

男は、腰のあたりに手をあてる。

「あんた、そっちへ行くのか？」

「無理だったら、戻るよ」

ぼくは、そう言いはしたが、ある程度強行するつもりだった。だが、ほんとうに雪が深ければ、戻らざるを得ない。

一週間かけて来た道を戻らけなればならないことを思うと、気力が抜けてくる。もちろん、山びとはなるたけ危険を回避して生活しているので、おおげさに言いがちだ。まだダメと決まったわけではない。

とりあえず、いまはラプチへ行くのだ。

無人の小屋が点在する草原を二、三過ぎ、無数の花々でできたカーペットを横ぎる。ほどなくして、その絶壁が谷間の正面に忽然と現れた。屏風のように立ちはだかる巨大な岩山。その麓に、こんもりと針葉樹の森がある。

森のなかに、黄色い屋根の寺がぽつんと見えてきた。ラプチのチュラ・ゴンパ（標高三七五〇m）だ。いままでチベットで見てきたゴンパとも、ロンシャルのチュワル・ゴンパとも様式が異なるのは、ネパールの影響を受けているためか。

あのミラレパ臨終の地チュワルで、ぼくはひと晩をたった一人で過ごしたのだったが、カギュ派の三大聖地に数えられるここラプチもまた、予想以上にひっそりとした場所だった。人気はなく、犬もいない。このしんと静まりかえった不気味さは、どうしたわけだろう……。

ぼくは、緊張しつつ、境内に足を踏みいれる。

寺は閉鎖されており、中庭を取り囲むように細長い僧坊があるが、人の住んでいる気配はない。

窓のひとつひとつを覗いてまわる。すると、鍵のかかっていない部屋がある。表から声をかけてみるが、応答はない。窓から覗くと赤いセーターの男がお経を読んでいる。ふたたび声をかけるが、耳が遠いのか何の反応もない。

ぼくは、しかたなく引き下がり、寺のまわりを巡る。

と、角を曲がったところで、前方十メートルほどの軒下に小豆色の袈裟《けさ》を来た僧がいるのが目にとまった。向こうは、膝のお経に目を落としている。

「タシデレ」

声をかけると、僧が顔をあげた。

ぼくは僧の部屋へ招かれ、荷物を降ろした。僧は、中国製の魔法瓶を取り、椀にバター茶を注いでくれる。

「どちらから？」

僧が訊いてくる。

「ロンシャルから。その前はティンリからポゼ峠《ラ》を越えて来ました」

「よく越えてきましたね。雪はありませんでしたか？」

「少しありました」

「途中、ポリスがいたでしょう」

〝ポリス〟という言葉を今回はじめて耳にして、やはりここはネパール領なのだと実感する。また、ここでは中国語由来のチベット語〝日本《リーピン》〟は通じず、彼は日本のことをネパール語風に〝ジャーパーン〟と言う。

まず、ぼくは、気がかりだったこの先の峠越えについて僧に尋ねる。

「今年はまだ向こうからは誰も来ていませんが、そろそろ雪も融けてくる頃でしょう」

ラプチの巡礼シーズンは蔵暦の六、七月（西暦五月のいまは、この年の蔵暦では三月中旬）で、そのころになると峠の向こうのタシガンを経由してチベット人巡礼がよく訪れるという。

それに紛れて、中国側のポリスも。

「ネパールのポリスは？」

「ときどきやってきますが、いまは大丈夫です」

ぼくは、法的にはここへ密入国していることになるので、ポリスとだけは顔をあわせたくない。オフ・シーズンに来たのは、その意味では正解だった。

ここはラプチ唯一の家屋であり、長年ここに棲んできたその僧は、ほぼ全ての来訪者と接してきた。彼によれば、ぼくは外国人としては四人目だという。数年前にアメリカ人がひとり、そして昨年、やはりアメリカ人のカップルが来た。もっとも、山の人間は、〝欧米人〟をすべて〝アメリカ人〟にしてしまう傾向が強いから、国は確かではない。はじめのアメリカ人は、通訳を連れ写真をたくさん撮っていったというから、たぶん『チベット・ハンドブック』の著者ヴィクトル・チャンだろう。彼らは三人とも峠越えのコースではいってきているので、谷まわりの道をとってここへ来たのは、やはり自分が外国人としては初めてだ。

僧は、最初出会ったときは驚きの目でぼくを見たが、話をするうちに徐々に打ちとけてきた。話のあいまに大鍋に湯を沸かし、じゃがいもをたくさん茹でて振る舞ってくれる。

カルマ・シャプヤン・ツルディムという名の彼は、よそから山奥を目指して流れてきた隠者ではない。ラサ出身の父が地元の母を娶《めと》り、この地方で生まれたという。しかし、父は昔、何者かによって殺された。

ネパール内地で十四年、インドで三年を過ごしたという彼が、ふたたび山奥へ舞い戻ってきたことには、やはり父を殺された無常感が根底にあったのかもしれない。

彼は、いま五十四歳だといったが、顔も体格も実際より十歳は若く見えた。ぼくには、どうもこの地方には何か長寿の秘密があるように思えてならない。植物が豊富で良質の乳製品の得られることが一因のような気がするし、ここでは時間が下界よりもゆっくり流れているのかもしれない。

これはティンリを出て以来ずっとそうなのだが、ここラプチにも電気は通じていず、テレビも新聞も存在しない。しかし、その僧はラジオが好きで、ちょくちょく腕時計を見ては、ラジオの周波数をあわせ直している。ちなみにそのラジオは、二十年くらい古い型のナショナル・パナソニックである。

ぼくは、こんな僻地にあっても共有されている現代に引きもどされる。

ちょうどネパール語のニュースをやっていた。

「ネパール語、できるんですか？」

「ええ。できます」

ニュースが分かるくらいだから、彼はチベット語とネパール語のバイリンガルなのだろう。中国語や英語は必要ないのでできない。

「いま、英語でやりますよ」

ぼくは、そのとき始まったネパーリ訛りの女性の英語に耳を澄ます。そして、驚きの声をあげる。

それは、カトマンドゥでの〝ブッダ・ジャヤンティ〟の式典についてのニュースだった。つまり、ぼくが聖地ラプチに着いた日は、何と仏教圏でクリスマスにあたる祭日、ネパール歴でブッダが生誕、成道、入滅したとされるとっておきの日だったのである。

カルマ・シャプヤン・ツルディムは、このゴンパに棲むただひとりの僧らしい僧だった。彼以外にも二人、僧を自称する男がいたが、俗服を着ていて僧というよりは管理人といった感じ。ネパール政府から何らかの仕事を依頼されているのだろうか。それにしては、ぼくがここに滞在するのを咎めないばかりか、むしろ歓迎してくれている。彼らは、ぼくの持っている食料がツァンパとインスタント・ラーメンだけであることが判明すると、いろいろと差し入れしたりして面倒を見てくれるのだ。

ぼくは、僧坊の一室を与えられた。お化け屋敷のような古びた木造の部屋には、布団はなく、埃の堆積した床のすみに薪が転がっている。

結局、ここには二泊することになる。これまでの行程ですっかり疲れがたまっていたので、ほんとうはゆっくり休養したいところだが、何よりネパールのポリスのことが気掛かりだ。早ければ今日じゅうには、〝奇妙な外国人〟の噂は、ネパール側の検問に達すると思われ、検問からここまでは、彼らの足で二日の距離なのである。

日が暮れる前に、ぼくはゴンパの周囲で薪《たきぎ》を集めた。岩の絶壁の高みや麓にはところどころに洞穴があり、それをとりこんで行者小屋《ツァムカン》が造られている。僧のカルマは、いまこの付近には誰も棲んでいないと言っていた。ダクマル・キュンルンのラマがつい最近までいたドゥドゥルプグの小屋には、鍵がかけられていた。

焚きつけに適した小枝や、ナタを使わなくても折れる太めの枝をどっさり集めて肩にかつぎ、寺へ戻ろうとしていたときだ。ふと、大岩のかげに岩屋があり、その戸口に行者が座っていることに気づいた。

気迫の漲《みなぎ》った三十過ぎの男だ。

挨拶すると、行者は頷く。彼は、ぼくをなかへ招きはしない。ぼくたちは、小屋の前で言葉をかわすことになる。

「どちらのお坊さんですか?」

「ディグン・カギュ派」

彼は、芯のある目でこちらを見据えながら答える。ディグン・カギュ派は、チベット本土で名高い鳥葬場のあるディグンティーを本山とする一派だ。その僧は、しばらくインドへ亡命していたが、三年ほど前、ラプチにやってきたという。

あのダクマル・キュンルンのラマとは、もちろん顔見知りだ。だが、あの知的でものやわらかな老僧と比べ、その行者には、容易に人を寄せつけない山犬のような雰囲気が漂っていた。

ぼくがこの先の峠について尋ねると、行者は身をのり出しててていねいに教えてくれる。

「峠の向こうへずっと降りていくと、ポリスがいるから気をつけろ。やつらは、これ持ってるからな」

そう言いながら、望遠鏡を覗く仕草をする。

「まず、日のあるうちに遠くから場所だけ確かめて、夜が更けるのを待つんだ」

彼は、そばの小枝を拾って、地面に地図を描く。

「ここが、峠だ。いいか。それで、ここがポリス。川はこう流れていて、これが道路だ。タシガンはここで、あんたの行くペルギェリン・ゴンパはこのへんにある」

ぼくは、そのゴンパは昨年訪れていたので、

「ゴンパは道路のこっち側じゃないかな?」

と、指摘する。

「ああ、そうだったっけか。実はこれは聞いた話で、オレ自身が行ったわけじゃないんだ」

行ったこともない場所の地図を頭にたたきこんでいるとは、さすが亡命を経験してきた行者は用意周到だ。

山奥での修行という以前に、国家のしくみがもろに見えてしまうこの国境地帯に棲むことは、彼らに超俗的な視点をもたらすことだろう。チベット人にとって政治的状況はいま冬の時代だが、ラプチが国境の聖地であることの意味は大きい。

別れ際、行者は「そんな薪などつかいものにならない」と言って、岩屋のわきに積みあげられた自分の薪を分けてくれた。

彼は、自分以外にもあと三人、行者が近くの山中にいると言っていた。ぼくは、彼らと接してみたいと思って、翌日絶壁のあちこちを歩きまわってみたが、結局彼らに会うことはできなかった。

そればかりか、翌日になると、何とその行者自身がどこかへ姿を消してしまうのである。

彼は、たぶんぼくを追ってくるかもしれないポリスを警戒し、めんどうに巻きこまれるのを避けたのだと思う。彼には、その岩屋以外にも、山のなかのどこかに秘密の隠れ処《が》があるに違いない。

□

翌朝シュラフからはい出し、寝ぼけ頭でふと窓を見ると、ガラスに張りついた僧の顔がこちらをじっと見ていた。チベットではひとの部屋を覗くことはそれほど失礼ではなく、ぼくもときどきやるが、このときばかりはさすがにドギモをぬかれた。

外へ出ると、鬱蒼と針葉樹に覆われた谷間の奥に、カンバ・マレの純白の山頂が姿を見せていた。ぼくは急いでカメラを取りに部屋へ戻るが、見晴らしのいい岩場を歩きはじめたころ、もうそのピークは雲がかかって見えなくなっていた。昨晩は雨だったことからも、やはりもう雨季にはいっているのだろうか。

寺の前の野原を通りかかると、カルマが後ろ手を組んで地面を見つめ、何か捜しものをしていた。

「何してるんですか?」

そう問うと、彼は手に束ねた草を見せて言う。

「これを食べると体にいいんです」

それは人参の葉に似た薬草で、眼病に効くという。春先になって生えてきたばかりである。ぼくは彼に見つけかたを教えてもらい、いっしょになって地面に目を落とす。

ぼくは、ここ二週間というもの青物をまったくとっていなかったので、それをたくさん集め、朝食のインスタント・ラーメンの具にする。彼の若さの秘訣は、こんな知恵にもあるのだと思う。

寺の管理人風の男に頼んで鍵をあけてもらい、チュラ・ゴンパを拝観する。ここはチベットでは珍しく文革の破壊をまぬかれたらしく、入り口わきに古色を帯びた壁画の数々が見られた。そのひとつに、カギュ派の三大聖地であるカンリ（カイラス山）、ラプチ、ツァリの絵がある。ツァリはブータン東北の山岳地帯で、ミラレパがマルパから教えを受けたロダク地方に近い。それら三つの聖地は、いずれもチベット高原とヒマラヤ山脈の隣接地帯に位置し、ミラレパの遍歴の地を象徴しているように思える。いや、三つの聖地がミラレパに集約していると見るべきか。

堂内のなかにはいると、特別の日以外は使われないという座布団の列があり、その向こうのガラス・ケースに仏像が並んでいた。本尊は、いうまでもなくミラレパ。同じミラレパだけでも三つの像がある。そのひとつは、これまでに見たどのミラレパ像よりも大きな金像だった。ミラレパはしばしば痩せた行者として描かれ、そちらのイメージの方がぼくにはしっくりくるが、その金像はどっしりと重量感があり、目を大きく見開いている。片手に頭蓋骨の鉢を持ち、

もう一方の手を耳にかざしたミラレパのポーズは、一説には、体内の気《ルン》の流れをコントロールする〝ロンデ〟の瞑想姿勢なのだともいわれる。おそらく、もともとは何かを聞く姿勢だったものが、修行法の整備に伴い、別の意味づけをなされたものだろう。

その男は寺の由来などについてはあまり知らず、ここに長らく棲むカルマの方が、その手のことには断然詳しかった。彼は、自分の部屋にラプチの縁故因縁を記した書きものの版木を持っており、その内容をほとんど暗記しているようだ。彼は、ぼくに次から次へとラプチの由緒いわれ等について早口でまくしたててくる。

ぼくは、いちおう相槌を打ちながら聞くが、実はそれを理解できるほどの語学力はない。彼の言う〝ミラレパの四大洞窟〟には興味をそそられたのでノートしておいた。

カイラスのズトゥルプグ（プグとは洞窟の意味）
ニェラムのトパプグ
ラプチのドゥドゥルプグ
チュワルのディチェプグ

これは、『伝記』に記された〝四大洞窟〟と一致する。カルマのもっている版木がいったい何世紀のものかは分からないが、『伝記』の編者とされるツァン・ニョン・ヘルカは、おそらくそのようなヒマラヤ各地に伝わる資料や口伝による詩や物語を収集し、それを編集したのだと思われ、その書物の成立を考えるうえで興味深い。

この四つは、ミラレパがひとり立ちしてから遍歴した地方を代表しているように思われる。四つの洞窟は、それぞれの地方のなかで絶好のロケーションにあり、川が目の前にある点は共通している。洞穴生活者にとっても水の便は基本だから、ミラレパはそれら四つを拠点として長期滞在し、暖かい夏場はそこからさらに高いところにある洞穴へ、あるいは心境によって棲む場所を変えたものと思われる。


ゴンパを拝観したあと、ぼくは、ラプチの絶壁を巡った。ドゥドゥルプグ、レーチュンプグ、セプグと呼ばれる三つの洞穴をとりいれたそれぞれの行者小屋を訪れ、あっちこっちへ岩山を歩いた。

どの小屋にも、いまは誰も棲んでいない。荒れ果てたまま打ち捨てられているばかりで、寂しい。近年訪れた巡礼が置いていったと思われる新しいタンカが掛けられているが、稚拙な絵は色使いがケバケバしく、かえって寂しさを深めるばかりだ。

ぼくは、岩山のふたつの地点に〝ミラレパの足跡〟が残されていると教えられていた。それで、探索しがてら、地面を注意深く探した。だが、足跡と思えばそれらしきものはたくさんあるし、たとえ発見しても自分がそれほど感動しないことは分かっている。結局、そんなものを探すのがバカバカしくなり、やめてしまう。

というのも、その巨大な岩の絶壁があまりにも素晴らしかったからだ。

一番上の洞穴には四千二百メートルの高度があったが、たどり着いてみると、山頂はまだまだ上だ。

ハァハァ息をついて絶壁を登っているとき、ふと振り返ると、昨日ぼくが辿ってきた谷間が正面に見渡せた。絶壁のちょうど下で左右からラプチカン川《チュ》とタキアリン川《チュ》の二つが合流して一本になり、正面の方角へ蛇行しながら下っていく。濃い緑に覆われたその谷底から白い雲がゆっくりとこちらへ湧きあがってくる。

そして、何よりその風景をみごとなものにしているのは、谷間の彼方に聳《そび》えるカンバ・マレの雄大な雪峰である。

その日はずっと雲が多くその山のピークを望むことはできなかったが、ぼくは、今朝ほんのいっとき目にした全貌をその風景に重ねることができたし、幽邃な雲の流れを見ているだけで飽きることがなかった。

ミラレパやかつてこの岩山に棲みついた行者たちは、洞穴で寝起きし、乾季には張りつめた透明な大気のなかで雪峰を眺め、雨季にはこの雲の流れを見たことだろう。彼らにとっては、たとえここで特別の瞑想を修さなくとも、たぶんこの大自然の風光に接すること自体が瞑想だった。洞穴生活はつつましく厳しいものだったが、その厳しさのなかでこそ、大地は輝いて見えたことだろう。

人は大地を造ることはできない。大地ができたあとに、人が生まれた。

ラプチは、チベット的な岩山である。実際この北は、禿げ山ばかりが果てしなく連なるチベット高原だ。そして、南にはヒマラヤの雪峰や森が控えている。つまり、この岩山は、本来のチベット圏とネパール圏のちょうど境界に聳え立っているのだ。ここは、チベット高原南部に生まれ、生涯ヒマラヤと森を好んだ詩聖ミラレパの姿勢を、そしてミラレパを崇拝するチベット人たちの姿勢を象徴する聖地なのだと思った。

ミラレパはこの岩山の化身である。この絶壁こそが、ミラレパの巨大な足跡だ。

その日、ぼくは、岩山で誰も人を見かけなかった。孤独に追いつめられた自分もまた、そのときだけは岩山の化身となり、ぼくの眼球を通して何者かが谷間を見下ろしているような気がした。

風景を見るということは、太陽の光が大地に反射し網膜に映っているということ。主体は光にある。

見るものも見られるものもなくなるとき
知恵がほんとうに悟られる

ミラレパ

ミラレパの詩III

知恵の歌

『伝記』と『十万歌』は、ツァン・ニョン・ヘルカ（一四五二～一五〇七）によって編集された。おそらく、ミラレパが実際に歌ったものがはじめは口から口へ伝承され、日本の平家物語と似たように次第に歌物語のかたちに発展したのではないかと想像される。それがいつからか文字化され、いくつもの資料が流布し、ミラレパの死後三百年あまりたった頃、ツァン・ニョンが集成したと考えていいだろう。

『十万歌』は『伝記』よりも物語化が進んでいない点で、より原資料に近い印象を受ける。

＊　　　＊

ミラレパは、食物を乞いに里へ出たとき、あるいは彼の棲む山奥の洞穴を村人などが訪れたとき、機に応じて説法し、詩を歌った。

人間は、死ぬ。ここが出発点である。

城や人であふれた街は
今おまえが住みたいところ

だが、この世を去ったあと
それらは廃墟と化す

自尊心や虚栄は
今おまえがすがりたいもの
だが、死のときには
隠れ処にも逃げ場にもならぬ

親族や同族は
今おまえが一緒に暮らしたいもの
だが、この世を去るときには
みな後に残さなければならぬ

召し使いや富や子供は
今おまえが持っていたいもの
だが、死のときには
から手で行かねばならぬ

元気と健康は

今おまえが持っているもの
だが、死のときには
おまえの死体は包みにされて運ばれる

内蔵と血肉は
今きちんと働いているもの
だが、死のときには
おまえの自由にならぬ

甘くて美味しいものは
今おまえが食べたいもの
だが、死のときには
おまえの口はよだれを流す

これらのことを思うとき
わたしはブッダの教えを求めずにはいられない
この世の楽しみや快楽は
わたしには何の魅力もない（第一五章）

死の観察は修行者の教師
そこから人は徳を修めることを学ぶ
死ぬときに喜びはないことを
つねに思い、忘れぬように（第二三章）

『十万歌』に見られるミラレパの教えには、インドの聖者マイトリパ由来のマハームドラー（大印）や、ナローパの六法、マルパに与えられた守護尊の生起《しょうき》のヨーガと呼ばれる修行法。また、インドのクンダリニー・ヨーガと同源と思われる身体技法、とくに臍のあたりにトゥンモと呼ばれる熱をつくる行法、土着性の強いチューの源流などが含まれている。いまはその詳細に立ち入っている余裕はないが、それらはインドの後期密教の流れを汲みながら土着的要素を取り入れ、独自の発展をしたものだ。

しかし、成就を終えたミラレパにとって、あらゆる教義は道具にすぎなかった。ミラレパはのちにカギュ派の聖者とされるに至ったが、カギュとは〝師から弟子への口伝〟という意味で、ミラレパ自身に宗派意識はまったくなかった。

宗派の頑なさや教義に執着することは
人を邪《よこし》まで、より罪深いものにする（第三章）

ミラレパの教えのなかで最も重要なのは、マハームドラー（チャクチェン）である。それは、近年日本でも知られるようになったニンマ派のゾクチェンとほぼ同じものだ。
　この世の一切は心によって作られている。マハー・ムドラーは、それを注意深くみつめることで達成されるという。

ブッダは探して見つかるはずがない
だから、自分自身の心を見つめなさい（第九章）

自分自身の心のなかで
心の本来の状態をじっくり見すえると
幻のようなその考え自体が
法界《ダルマダートゥ》へと融け
苦しめるものも、苦しむものもなくなる
骨の折れる経典の勉強も
これ以上のことは教えない（第二章）

マハームドラーを行ずるとき
わたしは気を散らすことも労することもなく
あるがままの状態にくつろぐ
空《くう》の境地では

明知にくつろぎ
至福の境地では
自覚にくつろぎ
無想の境地では
裸の心にくつろぎ
現象の現れと活動においては
三昧《サマーディ》にくつろぐ
このようにして心の精髄に瞑想すると
おびただしい理解と確信が湧いてくる
自ずから目覚めるによって
一切は労せずして成就される
もはや悟りを求めることなく
わたしはとても幸せ
望みからも恐れからも自由で
わたしはとても楽しい
ああ、迷いが知恵として現れるとき
それを楽しむのは何と愉快なことか（第三四章）

マハームドラーには、排除すべきものは何もない。この世の現象はひとつの連続体であり、雑

念さえもが心の大いなる流れから生じ、ふたたびそこへ融けこんでいく。そして、その境地が自然を包みこむスケールで歌われているところが、ミラレパの詩の魅力なのだ。
次は、「二十七の消滅についての真の金剛の歌」。

雷や稲妻や雲は
空《そら》より自ずから生じ
空へと消え去る

虹や霧や霞は
天空より自ずから生じ
天空へ消え去る

蜜蜂や果実や作物は
大地より自ずから生じ
大地へと消え去る

花や木の葉や森は
大地より自ずから生じ
大地へと消え去る

さざ波や潮や流れは
大海より自ずから生じ
大海へと消え去る

思考や執着や欲望は
心の蔵より自ずから生じ
心の蔵へと消え去る

自ずからなる気づきや明知や解脱は
心の精髄より生じ
すべては心へと融け入る

不生、不滅、不可説なものは
法界《ダルマダートゥ》より出で
すべては法界へと消え去る

幻覚や妄想や悪霊は
ヨーガより生じ
すべてはヨーガへと消え去る

もし悪霊の幻に執着するなら
瞑想は迷いに陥るだろう

一切の障害は空《くう》であり
心の現れだと知らなかったら
瞑想は迷いに陥るだろう
すべての迷いの根源もまた
同じく心からくる
心の本性を悟る者は
去来することのない大いなる明知を知り
外なるすべての現象の本性に気づき
それらが心から生じた幻にすぎぬことを悟り
空《くう》と現象が別のものでないことを知る

さらには、瞑想することは幻
瞑想しないことも幻
おまえが瞑想してもしなくても同じこと

二つに分けることは一切の誤解の源

究極の知恵からはいかなる見解もない
これが心の本性（第四章）

ミラレパの教えを組織化してカギュ派の基礎を築いたのは、弟子のガンボパであると言われている。ミラレパ自身は組織化されることを嫌っていたとはいえ、ぼくたちがミラレパについて知ることができるのは、おそらくガンボパの功績によるところが大きい。

次の詩は、彼に向けて歌われたもの。ガンボパはもともと薬草を扱う医者だったので、ここでは〝薬師〟と呼ばれている。

よき薬師よ
究極の知恵とは
しっかり、決意をもって
自分自身の心を見つめること
心の外に知恵を捜し求めるは
盲の化け物がむなしく黄金を求めるようなもの

よき薬師よ
究極の修行とは
散漫さや眠気を過ちと考えないこと

それらを追い払おうとするは
明るい日中に燈を灯すようなもの

よき薬師よ
究極の行いとは
取る捨てるをやめること
取るや捨てるは
網に捕らわれた蜂のようなもの

よき薬師よ
究極の戒律とは
知恵のうちにゆったりとくつろぐこと
心の外に無用な戒律を求めるは
ダムの水門を上げるようなもの

よき薬師よ
究極の成就とは
自分自身の心を確信すること
ありもしない成就をよそに捜し求めるは

亀が空に跳ぼうとするようなもの

よき薬師よ
究極の師とはわが心
師をよそに捜し求めるは
自分自身の心を追い払おうとするようなもの
よき薬師よ、ようするに
すべての現象は心のほかにないと知ることだ（第四一章）

よき宗教は、宗教自体からの出口を必ずもっている。アメとムチで囲いこんで金を巻きあげるのではなく、人間をひとり立ちさせ、自由にするのがほんとうの宗教なのだ。

〝心〟と呼ばれているのは、いまこれを書いているぼく自身、そしてこれを読んでいるあなた自身のことである。

（おわり）

第八章　脱　出

「ニェラムへ行きます」

　ぼくがそう告げると、僧のカルマが助言してくれた。

「峠付近にはきっとまだ雪がありますから、今日はまず手前のシンサンプグの洞穴で一泊し、明日峠越えをしなさい」

　いよいよ、最後の行程だ。この峠越えは、ぼくにとって、かつてヒマラヤやチベットでしたどんな旅よりも苛酷なものとなる。その行程以前に、ぼくはいま精神的に袋小路に追いつめられていた。

　まず、それはどうしても越えなければならない峠だった。ティンリから二週間かけてここまで来た道のりは、詰めれば一週間で戻れる。しかし、来た谷を引き返してあの真夏のジャングルまで下り、ふたたびロンシャルの谷を登りつめて雪の峠を越え、さらにそこから四、五十キロ離れたティンリまで歩き通すなどという気力は、そのときのぼくにはとうてい残っていなかった。

それに、ぼくの噂を耳にしたネパール側のポリスがいつ後ろから追ってくるとも知れなかったので、ぐずぐずしていることは許されない。来た道を引き返したくないのは、それもあってのことだ。

この先の峠を越えたら越えたで、向こうにはまた中国側の検問が待ちかまえている。そちらの検問は、あの鄙びたロンシャルのものとは違い幹線道路沿いだから、人情のはいる余地があるとは思えない。

ぼくには、もはや楽な選択肢はない。

そもそもぼくは、自分からすき好んでこのヒマラヤの奥地へ潜入したのだったが、ここから脱出することに、はいってきた以上の難易度が要求されることまでは予期していなかった。

ぼくは、昼前にカルマの部屋へ別れを告げにいった。ネパール米とじゃがいもを少し分けてもらい、もうぼろぼろになった頭陀袋を担ぐ。

「ゆっくりお行きなさい」

山奥で隠遁生活を送る僧は、残される者の寂しさをチラッと垣間見せた以外、飄々《ひょうひょう》とした日常のままで見送ってくれる。

「ダメだったら戻ってきますよ」

ぼくは、いちおうそう言っておく。だが、たぶん戻ってはこないだろう。

ゴンパを発ってほどなく、針葉樹が姿を消し、あたりはふたたび岩ばかりの世界となった。行く手には、広いなだらかな谷が次第に狭まりながら北東へ続き、山あいに消えている。

十五分ほど歩くと、高台となったところに峠の手前最後の村があった。石を積んで造られた家屋が並んでいる。ここは夏場用の村で人はまだいないと聞いていたが、通り抜けるとき、何人か村人を見かける。数日前、ラプチへの谷を登ってくるとき途中で顔をあわせた若夫婦が、こんなところで畑を耕していた。

「どこ行くんだ？」

「ニェラム」

男は、あえて止めはしない。

「行けるもんなら、行ってみな」

そう、顔に書いてある。

その先へ行くと、川岸のところどころに小さな草地があり、石で囲った牧民《ドクパ》のテント跡があった。

このあたりから再び中国領になるはずだが、いったいどこで国境線を越えたのか、自分には分からない。その線を境に国が変わるとはバカバカしい話だが、ネパール側のポリスに捕まる危険は、どうやら回避できたようだ。もちろん、それは同時に中国側の法律が効力をもち始めるという新たな難問を意味するのだけれど。

数時間登りつめると、右手に一面石が堆積したもうひとつの谷が開けてきた。広い川原を渡りはじめる。とある大岩のうえに小石がたくさん積まれており、巡礼たちが通ったことを示している。ひとの痕跡に勇気づけられるが、いつのものかは分からない。ここ二、三年のものなのか、あるいは何十年、何百年も前のものなのか。

川にさしかかった。それほど深くはないが、急すぎてとうてい徒渉できそうもない。遠くに丸太を束ねただけの橋が見えてくる。そこへたどり着いたところで、ぼくは立ち止まってしまう。いまは雪融けの時期であるため、丸太の上数十センチまで水嵩が増しているのだ。バランスを失えば川へ落ちてしまうだろう。

こんな状況でなければ、ぼくは橋を見ただけで引き返すところだ。しかし、いまは〝行くか行かないか〟という問いには〝行く〟という答えしかない。裸足ではすべりそうだったので、ブーツをはいたまま渡る。

足が濡れることなどよりバランスをとることに集中し、丸太に乗る。

うまく渡ることができた。

――ここから先、人はいないな。

そう直感する。

カルマは、「シンサンプグで一泊するように」とぼくに言ったが、その洞穴がいったいどこなのか、分からない。川を渡ってすぐのところにたしかに洞穴があるが、なかはぬかるんでいて、あまり人にすすめられるようなものではない。

とりあえずそこに荷物をおき、体を身軽にして少し先を探索してみる。しばらく歩くと別の洞穴に出、さらにその先のガレ場にもうひとつの洞穴を見つける。洞穴といっても、大岩の下の窪みを利用してまわりに石を積み上げただけの、なんとか風雪をしのげる程度のものだ。ミラレパや、彼を慕う行者たちが以前棲んだものと思われるが、これまた、何年前のものとも知れない。

二つ目のものはなかに大きな氷の塊があり寒そうだったので、ぼくは泊まるには三つ目が適していると判断した。

いったんさきの地点まで引き返し、荷物をかついで三つ目の洞穴へ行く。まだ日が落ちるには間があるが、これ以上寒い場所で夜を明かせる自信はない。

水を汲みに谷底まで降りると、川は灰色に濁っている。鍋に汲んだ濁り水にネパール米をいれて粥をつくるが、砂だらけで、嚙むとガジガジ音をたてる。

日が暮れるころ、すこし雪が降った。対岸の岩山の斜面には、すでに雪が白いまだら模様を描いている。

その晩、ぼくは持っているありったけの服を身につけ、もちろんダウン・ジャケットは着たまま寝袋にもぐりこんだ。夏用のシュラフは厳寒の高地ではあまりに薄すぎるので、体を丸めてじっと寒さに耐える。

眠れるかどうかは問題ではない。問題は、朝まで生きることだ。

その夜、ぼくはマイナス何十度とも知れぬ厳寒に凍え、うつらうつらしながら、夢をいくつも見た。

ぼくは、髭をはやしたネパール人の男たちと岩山を歩いていた。彼らの顔には暖かな笑顔があり、こちらに危害を加える心配はなかった。ぼくは、彼らに笑いかける。すべてがうまくいっている。それは、至福のときだった。

目を覚まして、外を見る。星は見えず、深い闇があるばかりだ。寝るまえに灯した蠟燭の炎は消えていた。まだ、夜明けは遠い。

ぼくは、今度はひとりで雪山を歩いていた。あたりにはだれもいなかったが、一度、灰色の鹿の群れを見た。鹿たちは、ぼくの姿をみとめると遠ざかっていった。

一面雪の風景を漂流していると、遠くの岩のまえに男が立っているのが見えてきた。毛むくじゃらの類人猿のように見えたが、まっすぐに直立した姿勢から、ひとであることが分かる。ぼくは、その男の方へ歩いていった。向こうはぼくを見ても反応は示さないが、敵意はないようだ。岩の下は洞穴になっていて、入り口を見ると、火を焚いたあとがあった。

ふと、自分の腕を見ると、濃い体毛が生えていた。

ぼくは、谷間の森へ行って薪を集め、洞穴の入り口で火を焚いた。洞穴の前に立つと、まわりは切り立った岩峰に囲まれ、山は麓まで雪に覆われていた。

目が覚めて、また洞穴の外を窺う。空がほんのり明るくなりはじめている。

その朝、ふたたび谷底へ水を汲みにいくと、昨夕濁流だった川は驚くほど透明だった。日中は雪が融けて土砂が流れるが、夜はふたたび透明になるのである。

それを見て、ぼくは、この谷の上流では雪が融けている。つまり、これは危険かもしれないと思った。

□

事実、その日は、決死の一日となる。

一刻も無駄にできないので、早い時間に洞穴を発つ。

ほどなくして、谷の分岐点に出た。ラプチから辿ってきた川の本流はそのまま東北にのびているが、そこでもうひとつの支流が北へ別れていた。

ぼくにはどこかで谷を北へ折れるべきことは分かっていたが、実は、昨日の午後渡った広い谷を折れるべきではなかったかという一抹の不安があった。この行程には途中いくつか地名をもつ場所があり、ぼくはそのポイント間の歩行時間をラプチの僧から聞いていたが、牧民のテント跡はところどころにあるので、彼の言った場所がどれを指すのか分からない。ぼくと彼の歩行時間には差があるはずなので、迷いだすとますます頭が混乱してくる。

ぼくは、雑念を払って、その谷を折れることに決める。谷の一番奥まったところに目をこらすと、峠のように見える。とはいえ、チベットの山はたいていどこもそうなっているので確信はもてない。このあたりの山々は低くても六千メートルはあるので、人が通れる峠がそういくつもあるとは思えない。

もし、ここで道を誤れば、ぼくはとんでもない場所へ出てしまうことになる。つまり、〝遭難〟というやつである。

いまのところ、まだ道らしきものはある。ところどころに小石が積みあげられているが、巡礼が積んだものなのか、あるいは夏場にここへ来る牧民が置いたものなのか判断がつかない。牧民のしたものだとすれば、これが峠道とは限らないことになる。

道は次第に川岸へ降りていった。ところどころに雪が目につくようになる。

立ち止まって、ふたたび行く手を見る。峠と思われるあたりに雪はないが、その手前の谷底のそこここに残雪の吹きだまりがある。

難関がその雪の吹きだまりであるのは、一目瞭然だった。歩くべきところは川岸なのだが、そこにたとえ道があったとしてもは雪に覆われて見えない。人の歩いた痕跡がないということほど、ぼくを不安にさせるものはない。

ようやくその雪上にさしかかると、ときどき足がももまでズボッとはまり、悪戦苦闘した。下には川が流れているので、うっかりすれば落ちてしまうのだ。もしそうなっても、助けに来てくれる人間など誰もいるはずはない。

雪の上には、ひとの足跡も家畜の足跡も見あたらず、今年になってまだ誰もそこを通っていないことをあきらかに示している。

ぼくは、すでにチベットで雪の峠越えを何度か経験してきたが、かたまった雪はその上を歩けるので、ここよりは遙かに楽だ。春先の残雪は、見たところはたいしたことはなくても、実際に歩くと予想以上に難儀する。

いったん雪を避けて山の斜面に逃れるが、そちらは大岩がごろごろするガレ場なので、とても歩けたものではない。なかには不安定な岩もあって、頼みにして踏みこむとグラッと揺れたりする。

よりによって今日は晴天である。強い太陽光線を受けた雪は、表面からとろとろ融けだしている。

――雪よ、融けるな！　雲よ、出てくれ！

ぼくは、そんな呪術でも使いたい心境だった。

ときどき立ち止まって、コースを読む。

雪の吹きだまりを渡って、岩場の川岸へ。そしてふたたび雪。ぼくは、そんなことを何度も繰り返しながら、少しずつ前進する。残雪さえなければ峠まで二、三時間という道のりだったが、こんなことでは峠に着くというだけで丸一日かかってしまう。

そのとき、右手に開けたいまひとつの谷の奥に、柱のように切りたった純白の岩山があるのが目にとまった。そのゾッとするような美しさに、一瞬、眼球の奥が覚醒する。これまで仏像や神像に見馴れてきたためだろうか。

その岩の柱が、神に見えた。

しばらくして、今度は左手の山の絶壁から、突然轟音が響いた。雪崩だ。雪の量はそれほどないからここまで流れてくる心配はないが、やはり山の斜面を歩くのは危険だと思った。

太陽が傾きかけた時刻になっても、ぼくはまだ峠の手前にいた。

――こりゃ、戻った方がいいかな……。

ぼくは、ふとそう思う。

――だけど、せっかくここまで来たんだ。

もうひとりのぼくが、打ち消す。

峠と思われるものは、もう先に見えている。あそこにたどり着きさえすれば、あとは何とかなるだろう。ここから戻るということは、たんにラプチまで戻るということではなく、また一週間かけてあのとてつもない行程を辿りなおすことを意味する。それを思うと、とても戻る気になどなれない。

谷の後半に来たころ、ぼくは溜まりに溜まった疲れと睡眠不足のため、もうふらふらだった。高度は五千メートルに近づいている。酸素は薄いので激しく息がきれ、心臓がフル回転でドクドク鼓動を打つ。

雪。岩場。そしてまた雪。

――これは、やっぱり危険だ。

遭難というやつは、たぶん危険を甘くみているためになるのだ。それは、誤った目的意識のために判断力が麻痺して起こるもので、危険と感じるのが正常なのだ。

だが、いまぼくは遭難したわけではなく、峠は先に見えている。

――あそこまで行けば、いいことなんだ。

分裂した二人の人格が対話をしているうちに、ぼくはもう引き返せないところまで来てしまっていた。つまり、今朝出てきた洞穴まで戻るには、もう遅いのである。あれ以上寒い状況で夜を明かすのは、自分にはたぶん無理だ。

つまり、凍死する。

気力も体力もとっくに限界を通りこし、ふと岩に腰かけたところで、ぼくはとうとうすべてがいやになってしまった。

――ばっかだなァ、オレって。誰に頼まれたわけでもないのに、すき好んでこんな山奥にのこのこやってきて。引き返せば引き返せるのに、地元のやつだって来ないこんな春山なんかにはいってきて。

ぼくは、自己嫌悪に陥り、ひとりグチをこぼしはじめる。

――これで死んだら、大バカだよな。

そのとき、突如として、体の奥底から怒りがこみあげてきた。

――バカヤロー！　グチ言ってる場合じゃない！

時計を見ると、日暮れまでにはまだ三時間はある。グチを言うひまに歩けば、まだ十分間にあう。

ぼくは、立ち上がって荷物を背負い、峠を睨む。

このときのぼくには、もうチベットも日本も神も仏もない。いま自分にできることはただひとつ。

前に進むことだけだ。


峠の手前は、心臓破りの急坂だった。ただし、雪の吹きだまりは終わっているので、一歩一歩登りさえすれば、確実に峠は近づいてくる。ぼくは、ハァハァ息をついてひたすら急坂を登る。もう後ろを振り返る余裕などない。

急坂を登りきったとき、遠くに石を積みあげたマニ塚と夥しいタルチョ（祈りの旗）のあるのが目にはいる。

――やったァ！　助かった！

ほんとうに命拾いしたと思った。まだ公安につかまる可能性は残しながらも、とにかく死ぬことだけは免れたのだ。

生きていることは、貴重なことだ。

峠には雪はほとんどなかった。そこにはふたつの峠が対になって連なっており、ラプチの僧は手前の峠をシャクタンラ、その数百メートル先のものをニェラムラと呼んでいた。標高はどちらもおよそ五二五〇メートルである。

ここでひと息つく時間はない。もう日はだいぶ傾いている。せめて野宿できる地点までは降りなければならない。

峠のさきの雪を危惧していたが、幸い深い残雪は最初の急な下りだけで、さきほどの登りと比べればたいしたことはなかった。

ここから、ぼくは水を得た魚のように、駆け降りるように下った。あたりは、懐かしいチベットの山々だ。それほど切り立ってはいない薄茶色の禿げ山が、連綿とつならっている。

斜めから光線をうけた山々は気の遠くなるほど美しく、チベット本土へ帰ってきたぼくに「おかえり」と呼びかけてくれているようだ。

途中、奇妙な難関があった。結果を先に言えば、それはぼくの妄想の現れに過ぎないのだけれど、行く手の谷間にある大岩が中国軍のテントに見えてしまったのだ。

ぼくは、その三角形の岩のずっと手前で立ち止まり、このまま行くべきかどうかしばらく思案する。それは、どう考えてもテントだ。

しかし、そろそろ注意深く近づいていくと、

――なんだ、ただの岩じゃないか。

と考えが変わる。そして、さらに少し近づくと、

――待てよ。やっぱりテントだ。

結局、それはテントに似たかたちの岩で、ぼくはその横を大手を振って通りすぎる。いまから思うと滑稽だが、ぼくはそのとき、ひょっとすると少し狂いかけていたのかもしれない。

広い谷は、左にゆったりとカーブしていた。

鉱物世界のなかに、次第に野原が目につくようになる。ときどき見かける野ウサギの姿がいとしい。

峠から三時間ほど降りたところで、ついに、前方に開けた広い谷間にチベット側の集落タシガンが見えてきた。

だが……。そこには、軍の施設があった。

その建物に対しても、ぼくはさきほどと同じような妄想を繰り返す。ラプチの行者が言っていたように、窓から軍人が双眼鏡を覗いてこちらを見ている。ことによったら、銃を構えている。どうしても、そんな気がしてならないのだ。実際、窓は明らかにこちら側を見張るために造られているのである。

しかし、よくよく考えれば、中国とネパールの関係はこのところ良好だし、まだ誰も峠を通っていないこの時期に始終監視しているほど、彼らが仕事熱心なはずはない。

「場所だけ確かめて、夜が更けるのを待つんだ」

ラプチの行者はそう言っていたが、そのときのぼくは、もっと楽観的になっていた。いや、極度の疲れのため、検問などでつかまるはずはないという楽な方向へ思考が逃げはじめていたのだ。

それでも、村の手前で今日はじめて見る村人が遠くに点のように見えてきたときは、さすがに立ち止まって作戦を練った。最後の詰めが肝心だ。

村の向こうには川があり、対岸にチベットとネパールを結ぶ幹線道路が走っている。その路は以前車で三回ほど通ったことがあったので（もちろんそのときは、車窓から見える山々の向こうから自分が現れることになろうとは、考えてもみなかった）、川が徒渉できるほど浅くないことは知っていた。

チベット人は、えてして遠目がきく。ここで見つかってはやばい。そう思って、いったんぼくは、左手の斜面に登って迂回を試みる。

しかし、さらに近づいたところで、逃げ腰ではかえって疑われると思い、やはり堂々と行くことにする。だいたい自分は、悪いことなど何もしていない。いや、この判断も、実は楽な方への逃げだったかもしれない。

ぼくは、畑の一番端をすり抜け、広い川の辺に出た。ラプチの行者はタシガンの橋を夜渡るように勧めていたが、以前訪れたペルギェリン・ゴンパには付近に橋があった記憶があるので、タシガンの集落へは向かわずそちらへ行ってみることにする。

日はすでに落ち、夕闇が迫っていた。

対岸にゴンパが見えてきた。その手前で川はふた手に別れて中洲をつくっており、そこに足を踏みいれると、湿地にはまって右往左往する。

と、そのとき、ぼくは待望のものを発見した。

——やっぱり、あった！

記憶は間違っていなかった。ゴンパの手前には、確かに橋があったのである。しかも、そのあたりには見張り小屋も、兵士も、誰もいない。

ぼくは、人民解放軍の盲点を出し抜いたことを誇らしく感じた。

橋を渡り、村にはいる。犬が心配だったので、村の子供に同行してもらう。

ミラレパの洞穴があるペルギェリン・ゴンパ（三八〇〇m）に着いたとき、あたりはもう真っ暗だった。

僧坊の前にいた小僧たちがぼくの姿を見つけ、なかから年長の僧を呼んでくる。

「タシデレ」

ぼくは、出て来た僧に合掌する。

僧も、ぼくに合掌する。

「どちらから来ました？」

「ラプチ」

子僧たちが、たくさん集まってくる。


そのゴンパは昨年訪れていたので、ぼくはその僧と面識があった。彼は、ぼくのことを思い出し、歓待してくれた。公安などものともせず、こころよく一夜の宿を貸してくれる。

『ミラレパの伝記』は、このゴンパのある洞穴のなかで、ミラレパが弟子のレーチュンに語りかける場面で始まっている。

ぼくは、僧に案内してもらい、その洞穴のなかで五体投地する。ミラレパの物語のはじまりへ回帰していく心地がした。

翌朝ゴンパを発つとき、僧はぼくの首に白いカタをかけ、ラプチ巡礼を果たしたぼくを祝福してくれた。ダクマル・キュンルンのラマにもらったクリーム色のカタとともに、それはいまも宝物のようにぼくの部屋に飾られている。

ゴンパから三時間ほど歩いて、ニェラムの街に着く。チベットとネパールを結ぶ幹線道路沿いに、食堂や売店がたくさん並んでいる。これまで辺境の山奥を旅してきたぼくには、店頭の夥しい靴や衣服が、ギラギラ輝いているように見える。

街へはいるやいなや、体の奥底から、これまでツァンパとインスタント・ラーメンとじゃがいもで押さえつけられてきた食欲が、猛然と湧いてくる。さっそく四川人の食堂へはいり、むしゃぶりつくように中華を平らげる。

その夜更け、安宿のベッドで寝ていたぼくは、あわただしくドアをノックする音でたたき起こされた。ドアを開けると、な・なんと、信じられない悪夢。目の前に、制服を来た公安の男たちが立っているではないか！

ぼくの心臓は、ドキッと大きく波うつ。

ところが、公安の一人は、ぼくの顔をまじまじと見据えると、

「違う、こいつじゃない」

中国語でもうひとりに告げ、あたふた行ってしまう。ぼくの方はといえば、

「あ……」

あいたままの口が塞がらない。お尋ね者を探していたらしいが、幸いぼくではなかったのだ。悪いジョークは、マジでやめてほしい。

これでロンシャルとラプチの巡礼は、無事円了。ぼくが国境越えをしてきたことを証するものは、何もない。完全犯罪である。

旅は、小説よりも奇なり。今回の旅は、予想外な出来事の連続だった。

最後にもうひとつだけ、楽しいおまけがついてきた。

その翌朝、ヒッチしに表通りへ出ると、どういうわけか車が何台も停まっていた。そばにいた男に訊くと、この先の国境へ向かう崖路が昨晩の豪雨で寸断されたという。

ぼくは、ニェラムの街の端から端までうろうろするうちに、同じように開通待ちのチベット人たちと顔見知りになる。ぼくたちは、顔をあわせれば挨拶がわりに、

「どうなった?」

「まだダメだ」

それから数時間たっても、依然としてかんばしい知らせはない。

で、ふたたび食堂にはいり、もう何度目かの中華料理のダメ押し（すでに胃は欲していないのに、気持ちが欲していた）をしていたときだ。知った顔のチベット人の男が店にはいってきた。

ぼくは、日本語で叫ぶ。

「おい!」

こちらを見た向こうも、びっくりする。

「アー―――レ!(驚きを表すチベット語の感嘆詞)」

それは何と、今回の旅がはじまったとき、ティンリでぼくの世話をしてくれたパーサンだったのである。

「どこ行くんだい?」

「国境まで、ちょっと買い出しにな」

世界は、ぐるぐる回っている。

あとがき

旅の生活をはじめてから、ふと気づいてみれば十年あまりが過ぎていた。山あり、谷あり。ピークといえるものは何度かあったけれど、ミラレパの聖地への旅は、無謀な冒険という意味でのピークだった。短期間に凝縮された密度があった。

その後、ぼくはネパールを旅し、ミャンマーを旅した。だんだん日本に居つく時間が長くなってきた。

冒険にも、いろいろある。無謀なばかりが冒険じゃない。日常生活のなかにだって、きっと開拓の余地があるはずだ。この書きものが、読者の方々にニッポンの常識から〝越境〟する勇気をすこしでも与えられるなら、著者にとってそれ以上の喜びはない。ヒマラヤの聖者ミラレパも、きっと喜んでくれるだろう。

日本の状況に流され、あたふたしながらも、無国籍でありたいと思う。

この作品は、『ホーリー・ヒマラヤ』（恒友出版）及び『ネーコル：チベット巡礼』（毎日コミュニケーションズ）とあわせ、三部作のようなものになっている。

本書で紹介したミラレパの伝記と詩をまとめるにあたっては、おもに以下の書物を参考にした。とくに、おおえ氏の訳には多大な裨益《ひえき》をうけた。ミラレパについてもっと知りたい方には、一読をおすすめする。

"THE LIFE OF MILAREPA" LOBSANG P. LHALUNGPA (ARKANA 1992)
"TIBET'S GREAT YOGI MILAREPA" LAMA KAZI DAWA SANDUP & W. Y. EVANS-WENTZ (OXFORD UNIVERSITY PRESS 1928)

"THE HUNDRED THOUSAND SONGS OF MILAREPA" GARMA. C. C. CHANG (UNIVERSITY BOOKS 1962)
『チベットの偉大なヨギー　ミラレパ』おおえまさのり訳編（めるくまーる社　一九八〇）
『ミラレパの十万歌』おおえまさのり訳（いちえんそう　一九八三）
また、"TIBET HANDBOOK" VICTOR CHAN (MOON PUBLICATIONS 1994) は、本書の旅で訪れた地域への今のところ唯一のガイドブックである。

一冊の本ができるまでには、たくさんの方々の協力が必要だった。旅の途上で助けてくれたチベット人たちについては言うまでもなく、国境の検問をスタンプなしで通してくれた、名前は聞かなかったお役人さんのあなた。それから、ラサのバナクショー・ホテルの茶目っ気たっぷりの娘たち。
チベット文化に造詣の深いイェーシェー・ラモ、テンジン、ボンの各氏には、チベット語などについて貴重なアドバイスをいただいた。本書に載せたミラレパのタンカは、日系チベット人テンバ氏の寄贈によるものである。デザイナーの石渡早苗さんには、ビジュアル面でたいへんお世話になった。
最後に、かなり思い込みのはげしい著者のわがままにじっと耐え、暖かく見守ってくださった地湧社編集部の皆さまに、心から感謝申しあげます。

二〇〇〇年三月

伊藤健司

〈著者紹介〉

伊藤健司（いとうけんじ）

1961年東京生まれ。早稲田大学東洋哲学科卒。20代半ばから、アジア放浪にあけくれる。著書に『ホーリー・ヒマラヤ』（恒友出版）、『ネーコル：チベット巡礼』（毎日コミュニケーションズ）がある。現在、東京吉祥寺に棲息する。

ミラレパの足跡《あしあと》——チベットの聖なる谷へ

2000年3月20日　初版発行

著　者　伊　藤　健　司

発行者　増　田　正　雄

発行所　株式会社　地《ち》　湧《ゆう》　社

東京都千代田区神田東松下町12-1（〒101-0042）

電話番号・03-3258-1251　郵便振替・00120-5-36341

印　刷　啓　文　堂

製　本　根本製本

ISBN 4-88503-150-8　C 0014